French Sentences Vol.

English to French

A Bilingual (Dual-Language) Book

Author: Nik Marcel 2014
Author: Monique Cossard 1976
Co-author: Robert Salazar 1976

Translator & Editor: Nik Marcel 2014

2Language Books

French Sentences Vol.2

English to French

Copyright © 2014 Nik Marcel

ISBN-13: 978-1495421686
ISBN-10: 1495421686

2Language Books
(A Bilingual Dual-Language Project)

Editor's Note:

The dual-language text has been arranged into sentences for quick and easy cross-referencing. The text can be used on its own. However, the content is ideal for reinforcing grammar, and as a precursor to more advanced bilingual editions.

Once a student has studied the basics, a suitable book about basic grammar is helpful. The suggestion is that it be studied more with the intent of recognition and understanding, rather than memorising and obsessive rote learning. Go through as much of the book you feel you can digest — maybe even the whole book — skipping over what is not easily understood. Then, read through a portion of text in this book, looking for examples of what you have picked up (or gleaned) in your hopefully not so arduous study of grammar. Even repeatedly seeing a word that you remember seeing listed as a 'subject pronoun' or a 'third person plural' verb of some sort is a great help.

Then, depending on your inclination, return to the grammar book (or your basic French book), or move on to lengthier bilingual text — like in 2Language Books stories, for example —, or find some suitable French text: a simple novel, a French news website, etc.

Table of Contents

French Sentences
Phrases en Français

Chapter I
Chapitre I

I only read the sports section.
Je n'ai lu que la rubrique sportive.

I have not read the sports section.
Je n'ai pas lu la rubrique sportive.

I only read the first page.
Je n'ai lu que la première page.

I have not read anything.
Je n'ai rien lu.

I have not read the letter.
Je n'ai pas lu la lettre.

I have read it.
Je l'ai lu.

I have not read it.
Je ne l'ai pas lu.

I have read a little about this matter.
J'ai lu un peu sur cette question.

I have read a little about this issue.
J'ai lu un peu sur cette question.

I have read a lot on this subject.
J'ai lu beaucoup de choses sur ce sujet.

I have read something about the topic.
J'ai lu quelque chose sur le sujet.

I read it this morning.
Je l'ai lu ce matin.

I read it yesterday morning.
Je l'ai lu hier matin.

I read it last week.
Je l'ai lu la semaine dernière.

I have not read it very carefully.
Je n'ai pas lu très attentivement.

I have not read the details.
Je n'ai pas lu les détails.

I would like to go into further detail.
Je voudrais entrer dans les détails.

I have not read my book.
Je n'ai pas lu mon livre.

I have not read my books.
Je n'ai pas lu mes livres.

I have not read your book.
Je n'ai pas lu votre livre.

I have not read your books.
Je n'ai pas lu vos livres.

I read it in a number of newspapers.
Je l'ai lu dans un certain nombre de journaux.

I read it in many newspapers.
Je l'ai lu dans de nombreux journaux.

This is the last game of the season.
C'est le dernier match de la saison.

This is the first game of the season.
C'est le premier match de la saison.

It is the fifth game of the season.
C'est le cinquième match de la saison.

We have not seen you for a long time, sir.
On ne vous a pas vu depuis longtemps, Monsieur.

We have not seen you for two days, sir.
On ne vous a pas vu depuis deux jours, Monsieur.

We have not seen you for a week, sir.
On ne vous a pas vu depuis une semaine, Monsieur.

We have not seen you since last weekend, sir.
On ne vous a pas vu depuis le weekend dernier, Monsieur.

We have not seen you for several days, sir.
On ne vous a pas vu depuis plusieurs jours, Monsieur.

We have not seen you since last weekend, sir.
On ne vous a pas vu depuis le weekend dernier, Monsieur.

We have not seen you since last month, sir.
On ne vous a pas vu depuis le mois dernier, Monsieur.

We have not seen you for several months, sir.
On ne vous a pas vu depuis plusieurs mois, Monsieur.

We have not seen you since last year, sir.
On ne vous a pas vu depuis l'année dernière, Monsieur.

We have not seen you for a long time.
On ne vous a pas vu depuis longtemps.

She has not seen you since a long time.
Elle ne vous a pas vu depuis longtemps.

We have not seen them for a while.
On ne les a pas vus depuis longtemps.

He has not worked for a long time.
Il n'a pas travaillé depuis longtemps.

She has not called me for a long time.
Elle ne m'a pas téléphoné depuis longtemps.

He has not seen you in years.
Il ne vous a pas vu depuis longtemps.

I have just got back.
Je viens de rentrer.

I have just had lunch.
Je viens de déjeuner.

I have just asked.
Je viens de demander.

I have just called.
Je viens de téléphoner.

I have just accepted.
Je viens d'accepter.

I have just arrived.
Je viens d'arriver.

I just started.
Je viens de commencer.

I have just started.
Je viens de commencer.

I have just finished.
Je viens de finir.

I have just finished the book.
Je viens de finir le livre.

I have just finished my studies.
Je viens de finir mes études.

I have just concluded.
Je viens de terminer.

I have just found it.
Je viens de la trouver.

I have just said it.
Je viens de le dire.

I have just read the question.
Je viens de lire la question.

I have just read the explanation.
Je viens de lire l'explication.

I have just received a present.
Je viens de recevoir un cadeau.

I have just received a flower.
Je viens de recevoir une fleur.

I have just received a parcel.
Je viens de recevoir un colis.

Was Mrs Perrier with you?
Madame Perrier était-elle avec vous?

Was Mrs Perrier with them?
Madame Perrier était-elle avec eux?

Was Miss Perrier with her sister?
Madame Perrier était-elle avec sa sœur?

Was Madam Perrier with the children?
Madame Perrier était-elle avec les enfants?

Was Mrs Perrier with us?
Madame Perrier était-elle avec nous?

Was Miss Perrier with the others?
Madame Perrier était-elle avec les autres?

Was Mrs Perrier with her daughter?
Madame Perrier était-elle avec sa fille?

Was Madam Perrier with you?
Madame Perrier était-elle avec vous?

She had to stay because of the children.
Elle a dû rester à cause des enfants.

She had to stay because of the rain.
Elle a dû rester à cause de la pluie.

She had to stay because of the heat.
Elle a dû rester à cause de la chaleur.

She had to stay because of her parents.
Elle a dû rester à cause de ses parents.

She had to stay because of bad weather.
Elle a dû rester à cause du mauvais temps.

She had to stay because of the accident.
Elle a dû rester à cause de l'accident.

She had to stay because of the clients.
Elle a dû rester à cause des clients.

She had to stay because of the store.
Elle a dû rester à cause du magasin.

She had to stay at home.
Elle a dû rester à la maison.

She had to stay with me.
Elle a dû rester avec moi.

She had to stay a few days.
Elle a dû rester quelques jours.

She had to stay for several months.
Elle a dû rester pendant plusieurs mois.

She had to stay at work.
Elle a dû rester au travail.

She had to stay.
Elle a dû rester.

She had to leave.
Elle a dû partir.

They had to stay.
Ils ont dû rester.

She had to work.
Elle a dû travailler.

He had to stay.
Il a dû rester.

She had to go.
Elle a dû rentrer.

I had to stay.
J'ai dû rester.

She had to close.
Elle a dû fermer.

We had to stay.
On a dû rester.

She had to pay.
Elle a dû payer.

The employees had to stay.
Les employés ont dû rester.

She had to try.
Elle a dû essayer.

They had to stay.
Elles ont dû rester.

She had to leave.
Elle a dû quitter.

She had to leave her job.
Elle a dû quitter son emploi.

She had to leave the workforce.
Elle a dû quitter la population active.

She had to take a course.
Elle a dû prendre un cours.

He had to take a language course.
Il a dû prendre un cours de langue.

They had to take an intensive language course.
Ils ont dû prendre un cours intensif de langue.

A haircut, nothing more.
Une coupe de cheveux, rien de plus.

Some razor blades, nothing more.
Des lames de rasoir, rien de plus.

A pair of shoes, nothing more.
Une paire de chaussures, rien de plus.

Some green vegetables, nothing more.
Des légumes verts, rien de plus.

Some warm clothes, nothing more.
Des vêtements chauds, rien de plus.

A souvenir from over there, nothing more.
Un souvenir de là-bas, rien de plus.

Several days off, nothing more.
Quelques jours de vacances, rien de plus.

It is very simple.
Il est très simple.

It means nothing more.
Cela signifie rien de plus.

It doesn't mean much.
Cela ne signifie pas grand-chose.

It is nothing more than a joke.
Il n'est rien de plus qu'une plaisanterie.

It seems to be nothing more than a little fun.
Il semble être rien de plus qu'un peu de plaisir.

I seek nothing more.
Je ne cherche rien de plus.

He seeks nothing more.
Il cherche rien de plus.

She asks nothing more.
Elle ne demande rien de plus.

We seek nothing more.
Nous ne demandons rien de plus.

They seek nothing more.
Ils ne demandent rien de plus.

It means nothing more, but also nothing less.
Cela signifie rien de plus, mais aussi rien de moins.

There is nothing more.
Il n'y a rien de plus.

There is nothing more rewarding.
Il n'y a rien de plus gratifiant.

There is nothing more simple.
Il n'y a rien de plus simple.

There is nothing more difficult.
Il n'y a rien de plus difficile.

There is nothing more annoying.
Il n'y a rien de plus ennuyeux.

There is nothing more beautiful.
Il n'y a rien de plus beau.

There is nothing more urgent.
Il n'est rien de plus urgent.

There is almost nothing left.
Il ne reste presque rien.

There is almost nothing left after I pay for the ticket.
Il ne reste presque rien après avoir payé pour le billet.

There is nothing to be done.
Il n'y a rien à faire.

There is nothing to do.
Il n'y a rien à faire.

There is nothing more to do for you.
Il n'y a plus rien à faire pour vous.

As short as usual?
Aussi courts que d'habitude?

As well as usual?
Aussi bien que d'habitude?

As good as usual?
Aussi bon que d'habitude?

As bad as usual?
Aussi mauvais que d'habitude?

As early as usual?
Aussi tôt que d'habitude?

As late as usual?
Aussi tard que d'habitude?

As quick as usual?
Aussi vite que d'habitude?

I know that they grow very fast.
Je sais qu'ils grandissent très vite.

I know that they have a heart.
Je sais qu'ils ont un cœur.

I know that they close for lunch.
Je sais qu'ils ferment pour le déjeuner.

I know that they are open in the mornings.
Je sais qu'ils sont ouverts le matin.

I know that they are expensive.
Je sais qu'ils sont chers.

I know that it is not expensive.
Je sais que ce n'est pas cher.

I know that she has strong views.
Je sais qu'elle a des idées bien arrêtées.

I know that he has fixed ideas.
Je sais qu'il a des idées fixes.

You know that it grows very fast.
Vous savez qu'ils poussent très vite.

You know that they grow very fast.
Vous savez qu'ils poussent très vite.

You know that it gets very cold.
Vous savez qu'il fait très froid.

You know that it works very well.
Vous savez qu'elle travaille très bien.

You know that one can do it from home.
Vous savez qu'on peut le faire de chez soi.

You know you can phone in the text.
Vous savez qu'on peut téléphoner le texte.

You know that I was absent.
Vous savez que je me suis absenté.

You know that it goes through the forest.
Vous savez qu'elle traverse la forêt.

You know that they close at five o'clock.
Vous savez qu'ils ferment à cinq heures.

We know nothing.
Nous ne savons rien.

We know nothing about the matter.
Nous ne savons rien à ce sujet.

We know nothing regarding this issue.
Nous ne savons rien à ce sujet.

We know that they are students.
Nous savons qu'ils sont des étudiants.

We know that they are very busy.
Nous savons qu'ils sont très occupés.

We know that they are very happy.
Nous savons qu'ils sont très heureux.

We know that he is very tired.
Nous savons qu'il est très fatigué.

We know that she is rather petite.
Nous savons qu'elle est plutôt petite.

He knows that they are connected.
Il sait qu'ils sont connectés.

He knows that it is very likely.
Il sait qu'il est très probable.

She knows that it is not always easy.
Elle sait que ce n'est pas toujours facile.

She knows that it will be fine.
Elle sait que ce sera très bien.

They know that they grow very fast.
Ils savent qu'ils poussent très vite.

I would like them to grow very fast.
Je voudrais qu'ils poussent très vite.

I think they grow very fast.
Je crois qu'ils poussent très vite.

It is known that they grow very fast.
On sait qu'ils poussent très vite.

I can see that they grow very fast.
Je vois qu'ils poussent très vite.

I hope that they grow very fast.
J'espère qu'ils poussent très vite.

I have only read a few postcards.
Je n'ai lu que quelques cartes postales.

I have only read the French newspapers.
Je n'ai lu que les journaux français.

I have only read the president's speech.
Je n'ai lu que le discours du président.

I have only read two books.
Je n'ai lu que deux livres.

I have only read my letter.
Je n'ai lu que ma lettre.

I have only read today's mail.
Je n'ai lu que le courrier d'aujourd'hui.

He has only read the sports section.
Il n'a lu que la rubrique sportive.

We have only read the sports section.
Nous n'avons lu que la rubrique sportive.

They have only read the sports section.
Elles n'ont lu que la rubrique sportive.

We have only read the sports section.
On n'a lu que la rubrique sportive.

They have only read the sports section.
Ils n'ont lu que la rubrique sportive.

She has only read the sports section.
Elle n'a lu que la rubrique sportive.

And voila! Is it short enough?
Et voilà! C'est assez court comme ça?

And voila! Is it better like that?
Et voilà! C'est meilleur comme ça?

And voila! It is prettier like that?
Et voilà! C'est plus joli comme ça?

And voila! Is it less expensive that way?
Et voilà! C'est moins cher comme ça?

And voila! It is good enough like that?
Et voilà! C'est assez bien comme ça?

And voila! Is it not as bad like that?
Et voilà! C'est moins mauvais comme ça?

And voila! It is cold enough like that?
Et voilà! C'est assez froid comme ça?

And voila! It is hot enough like that?
Et voilà! C'est assez chaud comme ça?

Are you going to the Parc des Princes?
Vous allez au Parc des Princes?

You are going to the post office?
Vous allez à la poste?

Are you going to the hairdresser?
Vous allez chez le coiffeur?

Are you going to the ground floor?
Vous allez au rez-de-chaussée?

Are you going into town?
Vous allez en ville?

Are you going to the forest?
Vous allez dans la forêt?

Are you going to the hotel?
Vous allez à l'hôtel?

Are you going to school?
Vous allez à l'école?

Are you going to the meeting?
Vous allez à la réunion?

Are you going to waste some time?
Vous allez à perdre un peu de temps?

This is the last game of the season.
C'est le dernier match de la saison.

This is the first month of the year.
C'est le premier mois de l'année.

This is the second month of the year.
C'est le deuxième mois de l'année.

This is the third day of the week.
C'est le troisième jour de la semaine.

This is the last day of the week.
C'est le dernier jour de la semaine.

This is the first week of the month.
C'est la première semaine du mois.

This is the first train this morning.
C'est le premier train ce matin.

This is the first train in the morning.
C'est le premier train du matin.

This is the second train this morning.
C'est le deuxième train ce matin.

This is the first train in the afternoon.
C'est le premier train de l'après-midi.

This is the first lesson of the book.
C'est la première leçon du livre.

This is the first word from the child.
C'est le premier mot de l'enfant.

This is the last game of the season.
C'est le dernier match de la saison.

I will pay next time.
Je paierai la prochaine fois.

I will pay later.
Je paierai plus tard.

I will pay one time.
Je paierai une fois.

I will pay each time.
Je paierai à chaque fois.

I will pay a lot less.
Je paierai beaucoup moins.

I will pay a lot more.
Je paierai beaucoup plus.

I will pay by credit card.
Je paierai par carte de crédit.

I will pay in cash.
Je paierai en espèces.

I will pay the fees.
Je paierai les frais.

I will pay all the fees myself.
Je vais payer tous les frais moi-même.

I will not pay it.
Je ne le paierai pas.

You will pay the next time.
Vous paierez la prochaine fois.

You will pay later.
Vous paierez plus tard.

You will pay next year.
Vous paierez l'année prochaine.

You will pay next month.
Vous paierez le mois prochain.

You will pay another time.
Vous paierez une autre fois.

You will pay tomorrow afternoon.
Vous paierez demain après-midi.

You pay the next time.
Vous paierez la prochaine fois.

I am not going to risk having an accident for you.
Je ne vais pas risquer d'accident pour vous.

I am not going to risk an accident for your friends.
Je ne vais pas risquer d'accident pour vos amis.

I am not risking an accident for that.
Je ne vais pas risquer d'accident pour ça.

I am not going to risk an accident for a client.
Je ne vais pas risquer d'accident pour un client.

I am not going to risk an accident for them.
Je ne vais pas risquer d'accident pour eux.

I am not going to risk an accident for anything.
Je ne vais pas risquer d'accident pour rien.

I am not going to risk telling you.
Je ne vais pas risquer de vous le dire.

I am not going to risk saying that.
Je ne vais pas risquer de le dire.

I am not going to risk having an accident.
Je ne vais pas risquer d'avoir un accident.

I did not want to risk having an accident.
Je ne voulais pas risquer d'avoir un accident.

It was necessary to leave earlier.
Il fallait partir plus tôt.

You should have started out earlier.
Il fallait partir plus tôt.

They want to leave early.
Ils veulent partir plus tôt.

I would like to leave early.
Je voudrais partir plus tôt.

It is necessary to leave earlier.
Il faut partir plus tôt.

You need to leave earlier.
Il faut partir plus tôt.

We intend to leave early.
Nous comptons partir plus tôt.

She had to leave early.
Elle a dû partir plus tôt.

You could leave earlier.
On pouvait partir plus tôt.

I wanted to leave earlier.
Je voulais partir plus tôt.

You should have returned earlier.
Il fallait rentrer plus tôt.

You should have arrived earlier.
Il fallait arriver plus tôt.

You should have phoned earlier.
Il fallait téléphoner plus tôt.

You should have closed earlier.
Il fallait fermer plus tôt.

You should have had lunch earlier.
Il fallait déjeuner plus tôt.

You should have started earlier.
Il fallait commencer plus tôt.

All the customers are saying the same thing.
Tous les clients disent la même chose.

All the customers want the same thing.
Tous les clients veulent la même chose.

All the customers are asking for the same thing.
Tous les clients demandent la même chose.

All the customers buy the same thing.
Tous les clients achètent la même chose.

All the customers look at the same thing.
Tous les clients regardent la même chose.

All the customers want the same thing.
Tous les clients désirent la même chose.

All the clients do the same thing.
Tous les clients font la même chose.

All the clients say the same thing.
Tous les clients disent la même chose.

All the customers do different things.
Tous les clients font des choses différentes.

All the customers want different things.
Tous les clients veulent des choses différentes.

We want different things.
Nous voulons des choses différentes.

We wanted different things.
Nous voulions des choses différentes.

We wanted to do different things.
Nous voulions faire des choses différentes.

We wanted to make a choice.
Nous voulions faire un choix.

We wanted to make some choices.
Nous voulions faire des choix.

We want a choice.
Nous voulons un choix.

We want to make a choice.
Nous voulons faire un choix.

We want to make a decision.
Nous voulons prendre une décision.

This is the last game of the year.
C'est le dernier match de l'année.

This is the first day of the year.
C'est le premier jour de l'année.

This is the first day of the holidays.
C'est le premier jour des vacances.

This is the last week of the holidays.
C'est la dernière semaine des vacances.

This is the last week of the month.
C'est la dernière semaine du mois.

This is the first Tuesday of the month.
C'est le premier mardi du mois.

This is the second Wednesday of the month.
C'est le deuxième mercredi du mois.

This is the third Friday of the month.
C'est le troisième vendredi du mois.

This is the fourth Sunday of the month.
C'est le quatrième dimanche du mois.

This is the first Tuesday of the year.
C'est le premier mardi de l'année.

You know that they grow extremely quickly.
Vous savez qu'ils grandissent très rapidement.

I know that they grow extremely quickly.
Je sais qu'ils poussent très rapidement.

I know it works just fine.
Je sais qu'il travaille très bien.

I believe that he is working very well.
Je crois qu'il travaille très bien.

I think it starts tonight.
Je crois qu'elle part ce soir.

I believe that she leaves tonight.
Je crois qu'elle part ce soir.

We know it starts tonight.
Nous savons qu'elle part ce soir.

We know that she leaves tonight.
Nous savons qu'elle part ce soir.

We know that it is very expensive.
Nous savons que c'est très cher.

They say that it is very expensive.
On dit que c'est très cher.

It is said that they grow very fast.
On dit qu'ils poussent très vite.

They had to return because of the children.
Ils ont dû rentrer à cause des enfants.

They had to return because of bad weather.
Ils ont dû rentrer à cause du mauvais temps.

We had to close due to bad weather.
Nous avons dû fermer à cause du mauvais temps.

We had to close because of the accident.
Nous avons dû fermer à cause de l'accident.

He had to leave because of the accident.
Il a dû partir à cause de l'accident.

He had to leave because of his business.
Il a dû partir à cause de ses affaires.

He had to return because of his business.
Il a dû rentrer à cause de ses affaires.

He had to return because of the children.
Il a dû rentrer à cause des enfants.

We had to leave earlier.
Il fallait partir plus tôt.

I would like to leave earlier.
Je voudrais partir plus tôt.

I would start right away.
Je voudrais commencer tout de suite.

She had to start right away.
Elle a dû commencer tout de suite.

She must have had an accident.
Elle a dû avoir un accident.

You would not want to have an accident.
Vous ne voudriez pas avoir un accident.

You would not want to miss the game.
Vous ne voudriez pas manquer le match.

We cannot miss the game.
Nous ne pouvons pas manquer le match.

We cannot leave earlier.
Nous ne pouvons pas partir plus tôt.

We cannot take reservations over the phone.
Nous ne pouvons pas prendre les réservations par téléphone.

We cannot start it.
Nous ne pouvons pas démarrer.

We cannot start the negotiations.
Nous ne pouvons pas commencer les négociations.

We cannot build a bridge, a tunnel, or a road.
Nous ne pouvons pas construire un pont, un tunnel, ou une route.

We cannot finish it.
Nous ne pouvons pas terminer.

We cannot see.
Nous ne pouvons pas voir.

We cannot decide.
Nous ne pouvons pas décider.

We cannot decide everything.
Nous ne pouvons pas décider de tout.

We cannot decide by ourselves.
Nous ne pouvons pas décider par nous-mêmes.

We cannot make a decision.
Nous ne pouvons pas prendre une décision.

They cannot take a decision.
Ils ne peuvent pas prendre une décision.

It was necessary to leave earlier.
Il fallait partir plus tôt.

It is necessary to leave.
Il faut partir.

We have to leave.
Il faut partir.

It is necessary that we leave.
Il faut que nous partons.

It is necessary to eat.
Il faut manger.

It is necessary to drink.
Il faut boire.

It is necessary for us to drink.
Il nous faut boire.

We have to drink.
Il nous faut boire.

It is necessary to have a bike.
Il faut un vélo.

It is necessary for me to have a bike.
Il me faut un vélo.

I need a bike.
Il me faut un vélo.

It is necessary to find a way.
Il faut trouver un moyen.

A way needs to be found.
Il faut trouver un moyen.

It is necessary to admit the problem.
Il faut admettre le problème.

The problem needs to be recognised.
Il faut admettre le problème.

It is necessary to recognise the problem.
Il faut reconnaître le problème.

It is necessary to understand the situation.
Il faut comprendre la situation.

We need to understand the importance.
Il nous faut comprendre l'importance.

It is necessary to take these opportunities.
Il faut prendre ces possibilités.

It is necessary to seize the opportunity.
Il faut saisir l'occasion.

It is necessary to understand that we have responsibilities.
Il faut comprendre que nous avons des responsabilités.

We need to understand that we have responsibilities.
Il faut comprendre que nous avons des responsabilités.

It is necessary to grasp that we are responsible.
Il faut comprendre que nous sommes responsables.

It is necessary to understand the language.
Il faut comprendre la langue.

We need to know the language.
Il nous faut comprendre la langue.

It takes patience.
Il faut de la patience.

Patience is required.
Il faut de la patience.

It is necessary to have patience.
Il faut de la patience.

It takes patience and perseverance.
Il faut de la patience et de la persévérance.

We need to be patience.
Il nous faut de la patience.

It is necessary to work.
Il faut travailler.

One must work.
Il faut travailler.

One needs to work.
Il faut travailler.

I have to work hard.
Je dois travailler dur.

I have to work long hours.
Je dois travailler de longues heures.

I have to work to support my children.
Je dois travailler pour soutenir mes enfants.

It is necessary that I work.
Il faut que je travaille.

I need to work.
Il faut que je travaille.

It is necessary that we are objective.
Il faut que nous sommes objectifs.

We need to be objective.
Il faut que nous sommes objectifs.

It is necessary to work together.
Il faut travailler ensemble.

We need to work together.
Il faut travailler ensemble.

We need to work together.
Il nous faut travailler ensemble.

We need to work collectively.
Il nous faut travailler ensemble.

We need to work together to realise our vision.
Il nous faut travailler ensemble pour réaliser notre vision.

We need to work together to realise our dreams.
Il nous faut travailler ensemble pour réaliser nos rêves.

It is necessary to work together to find a solution.
Il faut travailler ensemble pour trouver une solution.

We need to work together to find a solution.
Il faut travailler ensemble pour trouver une solution.

It is necessary to work together to find the solutions.
Il faut travailler ensemble pour trouver des solutions.

It will require patience.
Il faudra de la patience.

It will need patience.
Il faudra de la patience.

It will need patience and persistence.
Il faudra de la patience et de la persévérance.

It will need patience and determination.
Il faudra de la patience et de la détermination.

It will require us to be patience.
Il nous faudra de la patience.

We will need to be patient.
Il nous faudra de la patience.

It will take patience on our part.
Il nous faudra de la patience.

It is going to take patience from us.
Il nous faudra de la patience.

I just got back.
Je viens de rentrer.

I have just returned.
Je viens de rentrer.

I have just started.
Je viens de commencer.

It has just started.
On vient de commencer.

We have just called.
On vient de téléphoner.

She has just called.
Elle vient de téléphoner.

She has just arrived.
Elle vient d'arriver.

He has just walked in.
Il vient d'arriver.

He has just returned.
Il vient de rentrer.

I have just written a book.
Je viens d'écrire un livre.

I have just written my first book.
Je viens d'écrire mon premier livre.

I have just written my report.
Je viens d'écrire mon rapport.

I have just written some notes.
Je viens d'écrire quelques notes.

I have just written a note.
Je viens d'écrire une note.

I have just read the letter.
Je viens de lire la lettre.

I have just read the question.
Je viens de lire la question.

I have just read his answer.
Je viens de lire sa réponse.

I have just read his answers.
Je viens de lire ses réponses.

I have just read her response.
Je viens de lire sa réponse.

I have just read their reply.
Je viens de lire leur réponse.

I would like to read his answer.
Je voudrais lire sa réponse.

I would like to hear her reply.
Je voudrais entendre sa réponse.

I am not going to risk having an accident for you.
Je ne vais pas risquer d'accident pour vous.

We are not going to risk having an accident for you.
Nous n'allons pas risquer d'accident pour vous.

We are not going to risk having an accident for them.
Nous n'allons pas risquer d'accident pour eux.

She is not going to risk having an accident for them.
Elle ne va pas risquer d'accident pour eux.

She is not going to risk having an accident for me.
Elle ne va pas risquer d'accident pour moi.

You would not want to risk having an accident for me.
Vous ne voudriez pas risquer d'accident pour moi.

You would not want to risk having an accident for us.
Vous ne voudriez pas risquer d'accident pour nous.

They are not going to risk having an accident for us.
Ils ne vont pas risquer d'accident pour nous.

They are not going to risk having an accident for you.
Ils ne vont pas risquer d'accident pour vous.

Where is Mr Perrier?
Où est Monsieur Perrier?

He is at the hairdresser.
Il est chez le coiffeur.

Is he in a hurry?
Est-il pressé?

Yes, he is in a hurry.
Oui, il est pressé.

Why?
Pourquoi?

Because he is going to attend a football game.
Parce qu'il va assister à un match de football.

When did Alice leave?
Quand Alice est-elle partie?

When did he get back?
Quand est-il rentré?

He has only just returned.
Il vient seulement de rentrer.

Was his wife with him?
Sa femme était-elle avec lui?

No, she was not with him.
Non, elle n'était pas avec lui.

She had to stay because of the children.
Elle a dû rester à cause des enfants.

Is she with him at the hairdresser?
Est-elle avec lui chez le coiffeur?

No, she is not with him.
Non, elle n'est pas avec lui.

Do you know where she is?
Savez-vous où elle est?

No, I do not know where she is.
Non, je ne sais pas où elle est.

What does Mr Perrier want?
Que désire Monsieur Perrier?

He wants a haircut.
Il désire une coupe de cheveux.

Does he want it long or short?
Les veut-il longs ou courts?

As short as usual.
Aussi courts que d'habitude.

Why?
Pourquoi?

Because it grows very fast.
Parce qu'ils poussent très vite.

Because they grow very fast.
Parce qu'ils poussent très vite.

Because it grows very fast.
Parce qu'il pousse très vite.

Does Mr Perrier like to read the speeches?
Monsieur Perrier aime-t-il lire les discours?

No, he does not like to read the speeches.
Non, il n'aime pas lire les discours.

What does he like to read?
Qu'aime-t-il lire?

He likes to read the sports section.
Il aime lire la rubrique sportive.

Where does Mr Perrier want to go?
Où Monsieur Perrier veut-il aller?

He wants to go to the Parc des Princes.
Il veut aller au Parc des Princes.

Why?
Pourquoi?

Because he wants to watch a football match.
Parce qu'il veut assister à un match de football.

Is it the first game of the season?
Est-ce le premier match de la saison?

No, it is the last.
Non, c'est le dernier.

I am not going.
Je ne vais pas.

We are not going.
Nous n'allons pas.

You are not going.
Tu ne vas pas.

You are not going.
Vous n'allez pas.

He is not going.
Il ne va pas.

She is not going.
Elle ne va pas.

They are not going.
Ils ne vont pas.

Chapter II
Chapitre II

Why doesn't he pay right away?
Pourquoi ne va-t-il pas payer tout de suite?

Because he is in a great hurry.
Parce qu'il est très pressé.

Because he extremely rushed.
Parce qu'il est très pressé.

Because it is very urgent.
Parce qu'il est très pressé.

Because he is in a big hurry.
Parce qu'il est très pressé.

When is he going to pay?
Quand va-t-il payer?

He will pay next time.
Il va payer la prochaine fois.

Will he go to the Parc des Princes by car?
Va-t-il au Parc des Princes en auto?

No, he will take a taxi.
Non, il va prendre un taxi.

No, he will take a train.
Non, il va prendre un train.

No, he will take a bus.
Non, il va prendre un bus.

No, he is going to ride a bike.
Non, il va faire du vélo.

He likes riding a mountain bike.
Il aime faire du vélo de montagne.

He is going to swim.
Il va nager.

He does not want to swim.
Il ne veut pas nager.

Where will he take his taxi from?
Où va-t-il prendre son taxi?

He will take his taxi in the street.
Il va prendre son taxi dans la rue.

Does the taxi driver like driving at high speed?
Le chauffeur de taxi aime-t-il conduire à toute vitesse?

No, he does not like to drive at high speed.
Non, il n'aime pas conduire à toute vitesse.

Why?
Pourquoi?

Because he does not want to risk having an accident.
Parce qu'il ne veut pas risquer d'accident.

What did he say to Mr Perrier?
Que dit-il à Monsieur Perrier?

He told Mr Perrier that he should have left earlier.
Il dit à Monsieur Perrier qu'il fallait partir plus tôt.

Why must he leave earlier?
Pourquoi faut-il partir plus tôt?

To arrive on time.
Pour arriver à temps.

To avoid the risk of an accident.
Pour ne pas risquer d'accident.

What do other customers say?
Que disent les clients?

They say the same thing.
Ils disent la même chose.

They have a French car.
Ils ont une auto française.

It is a French store.
C'est un magasin français.

They have a grey car.
Ils ont une auto grise.

This is a grey store.
C'est un magasin gris.

They have a green car.
Ils ont une auto verte.

This is a green store.
C'est un magasin vert.

They have an English car.
Ils ont une auto anglaise.

This is a British magazine.
C'est un magasin anglais.

They have a white car.
Ils ont une auto blanche.

It is a white store.
C'est un magasin blanc.

They have a new car.
Ils ont une auto neuve.

This is a new store.
C'est un magasin neuf.

They have a big family.
Ils ont une grande famille.

They have a small dog.
Ils ont un petit chien.

They have a big table.
Ils ont une grande table.

They have a small television.
Ils ont une petite télévision.

They have a beautiful garden.
Ils ont un beau jardin.

They have one daughter and two sons.
Ils ont une fille et deux fils.

They have a fence.
Ils ont une clôture.

They have a wooden fence.
Ils ont une clôture en bois.

They have a barbed-wire fence.
Ils ont une clôture de barbelés.

They have a big green tree with orange flowers.
Ils ont un grand arbre vert avec des fleurs orange.

They have a fence for security reasons.
Ils ont une clôture pour des raisons de sécurité.

They have a nice life.
Ils ont une belle vie.

They have a good life.
Ils ont une bonne vie.

They have an interesting life.
Ils ont une vie intéressante.

They have a good idea.
Ils ont une bonne idée.

They have some good ideas.
Ils ont de bonnes idées.

They have a good understanding.
Ils ont une bonne compréhension.

They have an inestimable value.
Ils ont une valeur inestimable.

They have a shared vision.
Ils ont une vision commune.

This is a dry season.
Voilà une saison sèche.

It is a cool wind.
C'est un vent frais.

This is a wet season.
Voilà une saison humide.

It is a dry wind.
C'est un vent sec.

This is a cold season.
Voilà une saison froide.

It is a hot wind.
C'est un vent chaud.

This is a hot season.
Voilà une saison chaude.

It is a cold wind.
C'est un vent froid.

This is a short season.
Voilà une saison courte.

It is a strong wind.
C'est un vent fort.

This is a perfect season.
Voilà une saison parfaite.

It is a cool wind.
C'est un vent frais.

Here are some grey dresses.
Voilà des robes grises.

Here are some white dresses.
Voilà des robes blanches.

Here are some green dresses.
Voilà des robes vertes.

Here are some long dresses.
Voilà des robes longues.

Here are some short dresses.
Voilà des robes courtes.

These are some expensive dresses.
Voilà des robes chères.

These are some black dresses.
Voilà des robes noires.

Here are some bright coloured dresses.
Voilà des robes claires.

Here are some dark coloured dresses.
Voilà des robes foncées.

Is this a blonde woman?
Est-ce que c'est une femme blonde?

Is this a redheaded woman?
Est-ce que c'est une femme rousse?

Is this a redhead?
Est-ce que c'est une femme rousse?

Is this a sports woman?
Est-ce que c'est une femme sportive?

Is this a happy woman?
Est-ce que c'est une femme heureuse?

Is this a brunette?
Est-ce que c'est une femme brune?

Is this a brown-haired woman?
Est-ce que c'est une femme brune?

There are some perfect children.
Voilà des enfants parfaits.

There are some happy children.
Voilà des enfants heureux.

There are some athletic children.
Voilà des enfants sportifs.

There are some sports-minded children.
Voilà des enfants sportifs.

There are some solitary children.
Voilà des enfants seuls.

There are some satisfied children.
Voilà des enfants satisfaits.

There are some French children.
Voilà des enfants français.

There are some English children.
Voilà des enfants anglais.

He has a large car.
Il a une grande auto.

He has a black car.
Il a une auto noire.

He has a small car.
Il a une petite auto.

He has a French car.
Il a une auto française.

He has a red car.
Il a une auto rouge.

He has a blue car.
Il a une auto bleue.

He has an expensive car.
Il a une auto chère.

He has a grey car.
Il a une auto grise.

He has a nice car.
Il a une belle auto.

He has a strong voice.
Il a une voix forte.

He has a quiet voice.
Il a une voix calme.

She has a soft voice.
Elle a une voix douce.

She has a loud voice.
Elle a une voix forte.

He has a strong opinion.
Il a une forte opinion.

She has a good reason.
Elle a une bonne raison.

He has a vague idea.
Il a une vague idée.

She has a clear plan.
Elle a un plan clair.

I have a vague idea.
J'ai une vague idée.

I have a clear plan.
J'ai un plan clair.

I have a map of the region.
J'ai une carte de la région.

I have a vision for the area.
J'ai une vision pour la région.

I have a vision of the area.
J'ai une vision de la région.

I had a vision.
J'ai eu une vision.

I had an unrealistic idea.
J'ai eu une idée irréaliste.

I have a realistic strategy.
J'ai une stratégie réaliste.

I believe that it is a beautiful route.
Je crois que c'est une belle route.

I am of the opinion it is a bad road.
Je crois que c'est une mauvaise route.

I think that it is a new road.
Je crois que c'est une nouvelle route.

I believe it is a slippery road.
Je crois que c'est une route glissante.

I am of the view that it is a good road.
Je crois que c'est une bonne route.

I believe it is a small road.
Je crois que c'est une petite route.

I think that it is a main road.
Je crois que c'est une grande route.

I think that it is a highway.
Je crois que c'est une grande route.

I believe that it is a mistake.
Je crois que c'est une erreur.

I think that it is time.
Je pense qu'il est temps.

I decide if it is time.
Je décide s'il est temps.

I decide when it is time.
Je décide quand il est temps.

I can predict when it will be time.
Je peux prédire quand il sera temps.

We can predict when it will be time.
Nous pouvons prévoir quand il sera temps.

You can predict when it will be time.
Vous pouvez prédire quand il sera temps.

I think that it is time.
Je pense qu'il est temps.

I thought that it was time.
J'ai pensé qu'il était temps.

I was thinking that it was time.
Je pensais qu'il était temps.

I decided that it was time.
J'ai décidé qu'il était temps.

We decide when it is time.
Nous décidons quand il est temps.

We thought that it was time.
Nous avons pensé qu'il était temps.

We were thinking that it was time.
Nous pensions qu'il était temps.

We decided that it was time.
Nous avons décidé qu'il était temps.

He decides when it is time.
Il décide quand il est temps.

She decided that it was time.
Elle a décidé qu'il était temps.

They decide when it is time.
Ils décident quand il est temps.

They decided that it was time.
Ils ont décidé qu'il était temps.

I think that it is time for a change.
Je pense qu'il est temps pour un changement.

I think that it is time for a change of direction.
Je pense qu'il est temps pour un changement de direction.

I think that it is an interesting idea.
Je pense que c'est une idée intéressante.

I think that it is a nice town.
Je pense que c'est une belle ville.

She is going to buy a short dress.
Elle va acheter une robe courte.

She is going to buy a long dress.
Elle va acheter une robe longue.

She is going to buy a beautiful dress.
Elle va acheter une belle robe.

She is going to buy a white dress.
Elle va acheter une robe blanche.

She is going to buy a new dress.
Elle va acheter une nouvelle robe.

She is going to buy an expensive dress.
Elle va acheter une robe chère.

She is going to buy a pretty dress.
Elle va acheter une jolie robe.

She is going to buy a yellow dress.
Elle va acheter une robe jaune.

She is going to buy a little dress.
Elle va acheter une petite robe.

She is going to buy a mobile phone.
Elle va acheter un téléphone mobile.

She is going to buy a laptop.
Elle va acheter un ordinateur portable.

We do not have small rooms.
Nous n'avons pas de petites chambres.

We do not have connecting rooms.
Nous n'avons pas de chambres communicantes.

We do not have any vacancies.
Nous n'avons pas de chambres libres.

We do not have any beautiful rooms.
Nous n'avons pas de belles chambres.

We do not have expensive rooms.
Nous n'avons pas de chambres chères.

We do not have large rooms.
Nous n'avons pas de grandes chambres.

We do not have nice rooms.
Nous n'avons pas de jolies chambres.

Here is the cat.
Voici le chat.

Here is the dog.
Voici le chien.

There is the dog.
Voilà le chien.

Here is the dog.
Voilà le chien.

Here is the cat and there is the dog.
Voici le chat et voilà le chien.

There is the yellow book.
Voilà le livre jaune.

There is the beautiful book.
Voilà le beau livre.

There is the little book.
Voilà le petit livre.

There is the blue book.
Voilà le livre bleu.

There is the new book.
Voilà le nouveau livre.

There is the first book.
Voilà le premier livre.

There is the red book.
Voilà le livre rouge.

There is the expensive book.
Voilà le livre cher.

There is the big book.
Voilà le gros livre.

Here is my book and there is yours.
Voici mon livre et voilà le tien.

Here is my book and there is yours.
Voici mon livre et voilà le vôtre.

Here is the big book.
Voilà le gros livre.

There is a small restaurant.
Voilà un petit restaurant.

There is a French restaurant.
Voilà un restaurant français.

There is an expensive restaurant.
Voilà un restaurant cher.

There is a large restaurant.
Voilà un grand restaurant.

There is a beautiful restaurant.
Voilà un beau restaurant.

There is an excellent restaurant.
Voilà un restaurant parfait.

There is a bad restaurant.
Voilà un mauvais restaurant.

There is a good restaurant.
Voilà un bon restaurant.

She is tall.
Elle est grande.

He is tall.
Il est grand.

She is short.
Elle est courte.

He is short.
Il est court.

She is happy.
Elle est heureuse.

He is happy.
Il est heureux.

She is good.
Elle est bonne.

He is good.
Il est bon.

It is dry.
Elle est sèche.

It is dry.
Il est sec.

She is bad.
Elle est mauvaise.

He is bad.
Il est mauvais.

She is small.
Elle est petite.

He is small.
Il est petit.

She is strong.
Elle est forte.

He is strong.
Il est fort.

It is new.
Elle est nouvelle.

It is new.
Il est nouveau.

It is fresh.
Elle est fraîche.

It is fresh.
Il est frais.

She is beautiful.
Elle est belle.

He is beautiful.
Il est beau.

She is cold.
Elle est froide.

He is cold.
Il est froid.

She is hot.
Elle est chaude.

He is hot.
Il est chaud.

She is sporty.
Elle est sportive.

He is athletic.
Il est sportif.

It is brown.
Elle est brune.

It is brown.
Il est brun.

She is blonde.
Elle est blonde.

He is blond.
Il est blond.

It is red.
Elle est rousse.

It is red.
Il est roux.

It is blonde.
Elle est blonde.

It is blond.
Il est blond.

It is green.
Elle est verte.

It is green.
Il est vert.

It is grey.
Elle est grise.

It is grey.
Il est gris.

It is perfect.
Elle est parfaite.

It is perfect.
Il est parfait.

She is satisfied.
Elle est satisfaite.

He is satisfied.
Il est satisfait.

It is long.
Elle est longue.

It is long.
Il est long.

She is French.
Elle est française.

He is French.
Il est français.

He is alone.
Il est seul.

She is alone.
Elle est seule.

He is small.
Il est petit.

She is small.
Elle est petite.

It is free.
Il est libre.

It is free.
Elle est libre.

He is in a hurry.
Il est pressé.

She is in a hurry.
Elle est pressée.

It is happy.
Il est heureux.

It is happy.
Elle est heureuse.

It is French.
Il est français.

It is French.
Elle est française.

It is white.
Il est blanc.

It is white.
Elle est blanche.

It is large.
Il est grand.

It is large.
Elle est grande.

It is blue.
Il est bleu.

It is blue.
Elle est bleue.

It is brown.
Il est marron.

It is brown.
Elle est marron.

It is good.
Il est bon.

It is good.
Elle est bonne.

Here is the winner and there is the loser.
Voici le gagnant et voilà le perdant.

Here I am!
Me voilà!

Here it is!
Le voilà!

Here he is!
Le voilà!

There it is!
Le voilà!

There he is!
Le voilà!

Here she is!
La voilà!

Here it is!
La voilà!

There she is!
La voilà!

There it is!
La voilà!

There is the little one.
Voilà le petit.

There is the little girl.
Voilà la petite.

There is the good guy.
Voilà le bon.

There is the voucher.
Voilà le bon.

There is the maid.
Voilà la bonne.

There is the servant.
Voilà la bonne.

There is the big one.
Voilà le grand.

This is the big one.
Voilà la grande.

There is the red one.
Voilà le rouge.

There is the red one.
Voilà la rouge.

There is the grey one.
Voilà le gris.

There is the grey one.
Voilà la grise.

There is the bad one.
Voilà le mauvais.

There is the bad one.
Voilà la mauvaise.

There is the new one.
Voilà le nouveau.

There is the new one.
Voilà la nouvelle.

There is the last one.
Voilà le dernier.

There is the last one.
Voilà la dernière.

There is the old one.
Voilà l'ancien.

There is the old one.
Voilà l'ancienne.

Where is the book?
Où est le livre?

Here it is.
Le voici.

Where is the table?
Où est la table?

There it is.
La voilà.

There is the bus that I want to catch.
Voilà le bus que je veux prendre.

There is the house I want to buy.
Voilà la maison que je veux acheter.

There is the apartment I want to rent.
Voilà l'appartement que je veux louer.

I am asking you the number.
Je te demande le numéro.

I am asking you the number.
Je vous demande le numéro.

I am asking him the number.
Je lui demande le numéro.

I am asking him for the number.
Je lui demande pour le nombre.

I am asking her the number.
Je lui demande le numéro.

I am asking them the number.
Je leur demande le nombre.

I am giving him the number.
Je lui donne le numéro.

I am sending her the number.
Je lui envoie le numéro.

I send her the number.
Je lui envoie le numéro.

I am telling her the number.
Je lui dis le numéro.

I tell her the number.
Je lui dis le numéro.

I am showing him the number.
Je lui montre le numéro.

I am repeating the number to her.
Je lui répète le numéro.

I am bringing them something.
Je leur apporte quelque chose.

We give them something.
Nous leur donnons quelque chose.

I tell them something.
Je leur dis quelque chose.

They bring him something.
On lui apporte quelque chose.

I send them something.
Je leur envoie quelque chose.

She buys him something.
Elle lui achète quelque chose.

He is buying her something.
Il lui achète quelque chose.

I buy them something.
Je leur achète quelque chose.

We send them something.
Nous leur envoyons quelque chose.

I give them something.
Je leur donne quelque chose.

He is saying something to them.
Il lui dit quelque chose.

I am asking them something.
Je leur demande quelque chose.

I ask them something.
Je leur demande quelque chose.

I take them up something.
Je leur monte quelque chose.

We bring him something.
Nous lui apportons quelque chose.

I bring them something.
Je leur apporte quelque chose.

One gives them something.
On leur donne quelque chose.

I owe them something.
Je leur dois quelque chose.

I owe them everything.
Je leur dois tout.

They are saying something to him.
Ils lui disent quelque chose.

We give them something.
Nous leur donnons quelque chose.

Janine is in town; we phone her tonight.
Janine est en ville; nous lui téléphonons ce soir.

Janine is in town; we call her tonight.
Janine est en ville; on lui téléphone ce soir.

Janine is in town; I phone her tonight.
Janine est en ville; je lui téléphone ce soir.

Janine is in town; my sister phones her tonight.
Janine est en ville; ma sœur lui téléphone ce soir.

Janine is in town; he phones her tonight.
Janine est en ville; il lui téléphone ce soir.

Janine is in town; you phone her tonight.
Janine est en ville; vous lui téléphonez ce soir.

Janine is in town; she calls him tonight.
Janine est en ville; elle lui téléphone ce soir.

My parents are in Paris; my sister phones them tonight.
Mes parents sont à Paris; ma sœur leur téléphone ce soir.

My parents are in Paris; I phone them tonight.
Mes parents sont à Paris; je leur téléphone ce soir.

My parents are in Paris; my sisters phone them tonight.
Mes parents sont à Paris; mes sœurs leur téléphonent ce soir.

My parents are in Paris; we are phoning them tonight.
Mes parents sont à Paris; nous leur téléphonons ce soir.

My parents are in Paris; you are phoning them tonight.

Mes parents sont à Paris; vous leur téléphonez ce soir.

My parents are in Paris; my brother phones them tonight.

Mes parents sont à Paris; mon frère leur téléphone ce soir.

My parents are in Paris; we phone them tonight.

Mes parents sont à Paris; on leur téléphone ce soir.

This is Peter; do I give him the number?

C'est Pierre; est-ce que je lui donne le numéro?

This is Peter; do you give him the number?

C'est Pierre; est-ce que vous lui donnez le numéro?

This is Peter; does one give him the number?

C'est Pierre; est-ce qu'on lui donne le numéro?

This is Peter; does she give him the number?

C'est Pierre; est-ce qu'elle lui donne le numéro?

This is Peter; do we give him the number?

C'est Pierre; est-ce que nous lui donnons le numéro?

The manager is in his office; when are you taking up the mail to him?

Le gérant est dans son bureau; quand lui montez-vous le courrier?

The manager is in her office; when does one give her the mail?

Le gérant est dans son bureau; quand lui donne-t-on le courrier?

The manager is in his office; when do we take up the mail to him?

Le gérant est dans son bureau; quand lui montons-nous le courrier?

The manager is in his office; when do you bring him the mail?

Le gérant est dans son bureau; quand lui apportez-vous le courrier?

The manager is in her office; when does she take up the mail to her?

Le gérant est dans son bureau; quand lui monte-t-elle le courrier?

We phone him.

Nous lui téléphonons.

We are disturbing him.

Nous le dérangeons.

We are interrupting him.

Nous le dérangeons.

We are looking for him.

Nous le cherchons.

We are phoning her.

Nous lui téléphonons.

We are leaving him.

Nous le quittons.

We are speaking to him.

Nous lui parlons.

We thank him.

Nous le remercions.

We wake him.

Nous le réveillons.

We are looking for it.

Nous le cherchons.

We speak to her.

Nous lui parlons.

27

We need to talk to employees; at what time does one speak to them?

Il faut parler aux employés; à quelle heure leur parle-t-on?

We need to phone the employees; at what time does one phone them?

Il faut téléphoner aux employés; à quelle heure leur téléphone-t-on?

We need to talk to your friends; at what time do you speak to them?

Il faut parler à vos amis; à quelle heure leur parle-t-on?

It is necessary to call your sister; what time does one phone her?

Il faut téléphoner à votre sœur; à quelle heure lui téléphone-t-on?

It is necessary to call your brother; what time does one phone him?

Il faut téléphoner à votre frère; à quelle heure lui téléphone-t-on?

We must speak to all customers; at what time do we speak to them?

Il faut parler à tous les clients; à quelle heure leur parle-t-on?

When are you calling your parents?

Quand téléphonez-vous à vos parents?

I phone them tonight.

Je leur téléphone ce soir.

When are you meeting your friends?

Quand retrouvez-vous vos amis?

I meet them tonight.

Je les retrouve ce soir.

When are you calling your friends?

Quand téléphonez-vous à vos amis?

I phone them tonight.

Je leur téléphone ce soir.

When are you calling your friend?

Quand téléphonez-vous à votre ami?

I phone him tonight.

Je lui téléphone ce soir.

When are you calling your friend?

Quand téléphonez-vous à votre amie?

I phone her tonight.

Je lui téléphone ce soir.

When are you packing the bags?

Quand faites-vous les bagages?

I pack them tonight.

Je les fais ce soir.

I have ten euros; that is all I have left.

J'ai dix euros; c'est tout ce qu'il me reste.

We have ten euros; that is all we have left.

Nous avons dix euros; c'est tout ce qu'il nous reste.

They have ten euros; that is all they have left.

Ils ont dix euros; c'est tout ce qu'il leur reste.

She has ten euros; that is all she has left.

Elle a dix euros; c'est tout ce qu'il lui reste.

You have ten euros, that's all you have left.

Vous avez dix euros; c'est tout ce qu'il vous reste.

They have ten euros; that is all they have left.

Elles ont dix euros; c'est tout ce qu'il leur reste.

He has ten euros; that is all he has left.

Il a dix euros; c'est tout ce qu'il lui reste.

I need to talk to the employees.

Je dois parler aux employés.

What time do you speak to them?

A quelle heure leur parlez-vous?

I have to take up the mail.
Je dois monter le courrier.

What time do you take it up?
A quelle heure le montez-vous?

I have to wake the children.
Je dois réveiller les enfants.

What time do you wake them up?
A quelle heure les réveillez-vous?

I have to send the telegram.
Je dois envoyer le télégramme.

What time are you sending it?
A quelle heure l'envoyez-vous?

I have to call my parents.
Je dois téléphoner à mes parents.

What time are you calling them?
A quelle heure leur téléphonez-vous?

I have to meet my friends.
Je dois retrouver mes amis.

What time are you meeting them?
A quelle heure les retrouvez-vous?

I have to pack my bags.
Je dois faire mes bagages.

What time are you packing them?
A quelle heure les faites-vous?

What time are you meeting us?
A quelle heure nous retrouvez-vous?

What time are you phoning me?
A quelle heure me téléphonez-vous?

What time are you leaving your friends?
A quelle heure quittez-vous vos amis?

What time are you calling us?
A quelle heure nous téléphonez-vous?

What time are you waking me?
A quelle heure me réveillez-vous?

What time are you calling Janine?
A quelle heure téléphonez-vous à Janine?

I phone her at seven o'clock.
Je lui téléphone à sept heures.

What time are your friends meeting you?
A quelle heure vos amis vous retrouvent-ils?

They are meeting me at seven.
Ils me retrouvent à sept heures.

What time are your friends meeting you?
A quelle heure vos amies vous retrouvent-elles?

They are meeting me at seven.
Elles me retrouvent à sept heures.

What time are you leaving your friends?
A quelle heure quittez-vous vos amis?

I am leaving them at seven o'clock.
Je les quitte à sept heures.

What time is you friend phoning you?
A quelle heure votre amie vous téléphone-t-elle?

She is phoning me at seven o'clock.
Elle me téléphone à sept heures.

What time are you meeting your friends?
A quelle heure retrouvez-vous vos amis?

I am meeting them at seven o'clock.
Je les retrouve à sept heures.

What time are you phoning your friends?
A quelle heure téléphonez-vous à vos amis?

I am phoning them at seven o'clock.
Je leur téléphone à sept heures.

I am looking for my friends.
Je cherche mes amis.

I am looking for them.
Je les cherche.

I am taking the shoes.
Je prends les chaussures.

I am taking them.
Je les prends.

We phone our parents.
Nous téléphonons à nos parents.

We phone them.
Nous leur téléphonons.

They are listening to the speech.
Elles écoutent le discours.

They are listening to it.
Elles l'écoutent.

He is talking to his driver.
Il parle à son chauffeur.

He is talking to him.
Il lui parle.

We are bringing the package.
Nous apportons le paquet.

We are bringing it.
Nous l'apportons.

They have the number.
Ils ont le numéro.

They have it.
Ils l'ont.

One phones Christiane.
On téléphone à Christiane.

One phones her.
On lui téléphone.

I do not like the speed.
Je n'aime pas la vitesse.

I do not like it.
Je ne l'aime pas.

We do not find the number.
On ne trouve pas le numéro.

We do not find it.
On ne le trouve pas.

I do not hear the students.
Je n'entends pas les étudiants.

I do not hear them.
Je ne les entends pas.

They do not want the letter.
Ils ne veulent pas la lettre.

They do not want it.
Ils ne la veulent pas.

I do not talk to your friends.
Je ne parle pas à vos amis.

I do not talk to them.
Je ne leur parle pas.

We do not telephone Peter.
Nous ne téléphonons pas à Pierre.

We do not telephone him.
Nous ne lui téléphonons pas.

I do not like this area.
Je n'aime pas cette région.

I do not like it.
Je ne l'aime pas.

I phone Janine.
Je téléphone à Janine.

She calls at one o'clock.
Elle téléphone à deux heures.

We phone this evening.
Nous téléphonons ce soir.

We call this telegram.
Nous téléphonons ce télégramme.

She has lunch at one o'clock.
Elle déjeune à une heure.

We arrive at noon.
Nous arrivons à midi.

I am talking to the student.
Je parle à l'étudiant.

One takes up the bags.
On monte les valises.

I rent the room.
Je loue la chambre.

I go up at six o'clock.
Je monte à six heures.

We go back tomorrow.
Nous rentrons demain.

He is speaking to employees.
Il parle aux employés.

She closes the store.
Elle ferme le magasin.

I buy the newspapers.
J'achète les journaux.

He brings the bags.
Il apporte des bagages.

He brings them.
Il en apporte.

Here are some tickets.
Voilà des billets.

Here are some.
En voilà.

He buys some bread.
Il achète du pain.

He buys it.
Il en achète.

It brings the luggage.
Il apporte les bagages.

He brings it.
Il les apporte.

Here are the tickets.
Voilà les billets.

Here they are.
Les voilà.

He buys the bread.
Il achète le pain.

He buys it.
Il l'achète.

Give me four shirts.
Donnez-moi quatre chemises.

Give me four of them.
Donnez-m'en quatre.

We have several free rooms.
Nous avons plusieurs chambres libres.

We have several of them free.
Nous en avons plusieurs libres.

He comes from the south of France.
Il vient du Midi.

He comes from there.
Il en vient.

He leaves the office at five o'clock.
Il part du bureau à cinq heures.

He leaves it at five o'clock.
Il en part à cinq heures.

Chapter III
Chapitre III

He needs the car.
Il a besoin de l'auto.

He needs it.
Il en a besoin.

He needs these.
Il a besoin de celles-ci.

He needs them.
Il en a besoin.

She is talking about the speech.
Elle parle du discours.

She is talking about it.
Elle en parle.

I purchase them.
J'en achète.

They insure it.
Ils en assurent.

I bring them.
J'en apporte.

They have it.
Ils en ont.

I listen to them.
J'en écoute.

They try it.
Ils en essaient.

I have it.
J'en ai.

They send it.
Ils en envoient.

I insure it.
J'en assure.

They bring it.
Ils en apportent.

I sent it.
J'en envoie.

They buy them.
Ils en achètent.

I am trying it.
J'en essaie.

They are listening to it.
Ils en écoutent.

They are asking them.
Elles en demandent.

We do not have it.
Nous n'en avons pas.

They are counting it.
Elles en comptent.

We are not buying it.
Nous n'en achetons pas.

They make them.
Elles en font.

We do not insure it.
Nous n'en assurons pas.

They wash them.
Elles en lavent.

We do not accept it.
Nous n'en acceptons pas.

They are taking it up.
Elles en montent.

We are not trying it.
Nous n'en essayons pas.

They are ironing it.
Elles en repassent.

We do not listen to them.
Nous n'en écoutons pas.

They are locating it.
Elles en trouvent.

We are not bringing it.
Nous n'en apportons pas.

They want it.
Elles en veulent.

I do not listen to it.
Je n'en écoute pas.

I am not trying it.
Je n'en essaie pas.

I do not buy it.
Je n'en achète pas.

I do not have it.
Je n'en ai pas.

I am not insuring it.
Je n'en assure pas.

Do you have them?
En avez-vous?

Do you buy them?
En achetez-vous?

Do you insure it?
En assurez-vous?

Are you sending it?
En envoyez-vous?

Are you bringing it?
En apportez-vous?

Do they want them?
En veulent-ils?

Do they make them?
En font-elles?

Does he want it?
En veut-il?

Does one start it?
En commence-t-on?

Do you make them?
En faites-vous?

There is some bread; do you want some?
Voilà du pain; en voulez-vous?

There is some bread; does she want some?
Voilà du pain; en veut-elle?

There is some bread; do they have some?
Voilà du pain; en ont-ils?

Here is the bread; do you have some?
Voilà du pain; en avez-vous?

Here is the bread; do we buy some?
Voilà du pain; en achetons-nous?

There are some forms; do you want some?
Voilà des fiches; en voulez-vous?

There are some forms; does he have some?
Voilà des fiches; en a-t-il?

There are some forms; does one want some?
Voilà des fiches; en veut-on?

There are some forms; do you want some?
Voilà des fiches; en voulez-vous?

There are some forms; would you like some?
Voilà des fiches; en voudriez-vous?

Here are some forms; does she want some?
Voilà des fiches; en désire-t-elle?

Here are some forms; are you looking for them?
Voilà des fiches; en cherchez-vous?

Here are some forms; do they have some?
Voilà des fiches; en ont-ils?

Here are some forms; do they want some?
Voilà des fiches; en veulent-elles?

There is some salad; do you have some?
Voilà de la salade; en avez-vous?

There is some salad; does one buy some?
Voilà de la salade; en achète-t-on?

There is some salad; does he want some?
Voilà de la salade; en désire-t-il?

There is some salad; do we want some?
Voilà de la salade; en a-t-on?

There is some salad; do you want some?
Voilà de la salade; en voulez-vous?

Here is some salad; are you buying some?
Voilà de la salade; en achetez-vous?

Here is some salad; are you looking for it?
Voilà de la salade; en cherchez-vous?

Here is some salad; do they want some?
Voilà de la salade; en veulent-ils?

Here is some salad; do we take some?
Voilà de la salade; en prend-on?

Where is the car?
Où est l'auto?

I need it this afternoon.
J'en ai besoin cet après-midi.

Where is the car?
Où est l'auto?

They need it this afternoon.
Ils en ont besoin cet après-midi.

Where is the car?
Où est l'auto?

We need it this afternoon.
Nous en avons besoin cet après-midi.

Where is the car?
Où est l'auto?

She needs it this afternoon.
Elle en a besoin cet après-midi.

Where is the car?
Où est l'auto?

We need it this afternoon.
On en a besoin cet après-midi.

Where is the car?
Où est l'auto?

You need it this afternoon.
Vous en avez besoin cet après-midi.

Where is the car?
Où est l'auto?

They need it this afternoon.
Elles en ont besoin cet après-midi.

Where is the car?
Où est l'auto?

He needs it this afternoon.
Il en a besoin cet après-midi.

There is the office; Janine often speaks of it.
Voilà le bureau; Janine en parle souvent.

There is the office; we often talk about it.
Voilà le bureau; nous en parlons souvent.

There is the office; they often speak about it.
Voilà le bureau; ils en parlent souvent.

There is the office; you often refer to it.
Voilà le bureau; vous en parlez souvent.

Here is the office; we often talk about it.
Voilà le bureau; on en parle souvent.

Here is the office; they often speak of it.
Voilà le bureau; elles en parlent souvent.

Here is the office; he often mentions it.
Voilà le bureau; il en parle souvent.

We have some.
Nous en avons.

We make it.
Nous en faisons.

We bring them.
Nous en apportons.

We are looking for it.
Nous en cherchons.

We are sending it.
Nous en envoyons.

We are finding it.
Nous en trouvons.

We purchase some.
Nous en achetons.

We want some.
Nous en voulons.

We are trying some.
Nous en essayons.

We are asking them.
Nous en demandons.

They are buying it because they do not have it.
Ils en achètent parce qu'ils n'en ont pas.

We are buying them because we do not have it.
Nous en achetons parce que nous n'en avons pas.

She is buying some because she does not have any.
Elle en achète parce qu'elle n'en a pas.

One buys it because one does not have it.
On en achète parce qu'on n'en a pas.

You are buying it because you do not have it.
Vous en achetez parce que vous n'en avez pas.

They are buying them because they do not have some.
Elles en achètent parce qu'elles n'en ont pas.

I am buying some because I do not have any.
J'en achète parce que je n'en ai pas.

He is buying it because he does not have any.
Il en achète parce qu'il n'en a pas.

They are purchasing the books because they need them.
Elles achètent les livres parce qu'elles en ont besoin.

He is buying the book because he needs it.
Il achète le livre parce qu'il en a besoin.

I am buying the books because I need them.
J'achète les livres parce que j'en ai besoin.

We are buying the books because we need them.
Nous achetons les livres parce que nous en avons besoin.

They are purchasing the books because they need them.
Ils achètent les livres parce qu'ils en ont besoin.

You are buying some books because you need them.
Vous achetez des livres parce que vous en avez besoin.

She is purchasing the book because she needs it.
Elle achète le livre parce qu'elle en a besoin.

One buys some books because one needs them.

On achète des livres parce qu'on en a besoin.

I do not need the car; do you need it?

Je n'ai pas besoin de l'auto; en avez-vous besoin?

He does not buy aspirin; do you buy it?

Il n'achète pas d'aspirine; en achetez-vous?

We do not want any forms; do you want some?

Nous ne voulons pas de fiches; en voulez-vous?

I do not have a brother, do you?

Je n'ai pas de frère; en avez-vous?

We do not repair shoes; do you repair them?

Nous ne réparons pas de chaussures; en réparez-vous?

I do not need a number; do you need one?

Je n'ai pas besoin du numéro; en avez-vous besoin?

We do not require any fruit; do you require some?

Nous ne demandons pas de fruits; en demandez-vous?

I do not have any holidays; do you have any?

Je n'ai pas de vacances; en avez-vous?

We are not hiring a car; are you hiring one?

Nous ne louons pas d'auto; en louez-vous?

I have some mail; don't you have any?

J'ai du courrier; n'en avez-vous pas?

We want some aspirin; do not you want some?

Nous voulons de l'aspirine; n'en voulez-vous pas?

We are talking about the holidays; don't you talk about it?

Nous parlons des vacances; n'en parlez-vous pas?

I have some luggage; don't you have some?

J'ai des bagages; n'en avez-vous pas?

I am buying some bread; aren't you buying some?

J'achète du pain; n'en achetez-vous pas?

We have some holidays; don't you have any?

Nous avons des vacances; n'en avez-vous pas?

We need a vacation; don't you need one?

Nous avons besoin de vacances; n'en avez-vous pas besoin?

I have some news; don't you have any?

J'ai des nouvelles; n'en avez-vous pas?

We are sending some postcards; aren't you sending any?

Nous envoyons des cartes postales; n'en envoyez-vous pas?

We are doing some shopping; aren't you doing some?

Nous faisons des courses; n'en faites-vous pas?

I would like some cream; don't you want some?

Je voudrais de la crème; n'en voulez-vous pas?

Do you have any friends in Paris?

Avez-vous des amis à Paris?

Yes, we have some.

Oui, nous en avons.

Do you have any shirts on sale?

Avez-vous des chemises en solde?

Yes, we have some.

Oui, nous en avons.

Are you making some bread?
Faites-vous du pain?

Yes, we are making some.
Oui, nous en faisons.

Are you hiring some cars?
Louez-vous des autos?

Yes, we are hiring some.
Oui, nous en louons.

Do you want some change?
Voulez-vous de la monnaie?

Yes, we want some.
Oui, nous en voulons.

Are you buying any fruit?
Achetez-vous des fruits?

Yes, we are buying some.
Oui, nous en achetons.

Do you sell shirts?
Vendez-vous des chemises?

Yes, we sell them.
Oui, nous en vendons.

Do you have any grey suits?
Avez-vous des costumes gris?

Yes, we have some.
Oui, nous en avons.

Do you have some friends?
Avez-vous des amis?

No, I do not have any.
Non, je n'en ai pas.

Do you buy newspapers?
Achetez-vous des journaux?

No, I do not buy any.
Non, je n'en achète pas.

Do you want the change?
Voulez-vous de la monnaie?

No, I do not want it.
Non, je n'en veux pas.

Are you doing some business?
Faites-vous des affaires?

No, I am not doing any.
Non, je n'en fais pas.

Do you have a letter?
Avez-vous une lettre?

No, I do not have one.
Non, je n'en ai pas.

Do you repair cars?
Réparez-vous des autos?

No, I do not fix them.
Non, je n'en répare pas.

Do you want a journal?
Voulez-vous une revue?

No, I do not want one.
Non, je n'en veux pas.

Do you have some luggage?
Avez-vous des bagages?

No, I do not have any.
Non, je n'en ai pas.

Do you need the car?
Avez-vous besoin de l'auto?

Yes, I need it.
Oui, j'en ai besoin.

Do you need the letter?
Avez-vous besoin de la lettre?

Yes, I need it.
Oui, j'en ai besoin.

Are you afraid of the forest?
Avez-vous peur de la forêt?

Yes, I am afraid of it.
Oui, j'en ai peur.

Do you have any children?
Avez-vous des enfants?

Do you have any small children?
Avez-vous des petits enfants?

Do you have any grandchildren?
Avez-vous des petits-enfants?

Do you have any mild symptoms?
Avez-vous des symptômes bénins?

Do you have any comments or suggestions?
Avez-vous des commentaires ou des suggestions?

Do you have any information about this matter?
Avez-vous des informations à ce sujet?

Do you have anything to declare?
Avez-vous quelque chose à déclarer?

Do you have something to declare?
Avez-vous quelque chose à déclarer?

Do you have any concerns?
Avez-vous des inquiétudes?

Do you have any major concerns?
Avez-vous des préoccupations majeures?

Do you have any reservations about this proposal?
Avez-vous des réserves sur cette proposition?

Do you have any preferences?
Avez-vous des préférences?

Do you have any photos of the town?
Avez-vous des photos de la ville?

Do you have any interesting photos from your trip to Venice?
Avez-vous des photos intéressantes de votre voyage à Venise?

Do you have any nice photos from your trip to France?
Avez-vous des belles photos de votre voyage en France?

Is your friend satisfied with his car?
Votre ami est-il satisfait de son auto?

Yes, he is satisfied with it.
Oui, il en est satisfait.

Does your friend need the text?
Votre amie a-t-elle besoin du texte?

Yes, she needs it.
Oui, elle en a besoin.

Do your friends need the car?
Vos amis ont-ils besoin de l'auto?

Yes, they need it.
Oui, ils en ont besoin.

Are the customers satisfied with the room?
Les clients sont-ils satisfaits de la chambre?

Yes, they are satisfied with it.
Oui, ils en sont satisfaits.

Are the children afraid of the bad weather?
Les enfants ont-ils peur du mauvais temps?

Yes, they are afraid of it.
Oui, ils en ont peur.

I am looking for some seats.
Je cherche des places.

How many of them are you looking for?
Combien en cherchez-vous?

He has some tickets.
Il a des billets.

How many of them does he have?
Combien en a-t-il?

We have some friends.
Nous avons des amis.

How many of them do you have?
Combien en avez-vous?

She has some forms.
Elle a des fiches.

How many of them does she have?
Combien en a-t-elle?

There are some bunks remaining.
Il reste des couchettes.

How many of them are left?
Combien en reste-t-il?

There is some meat left.
Il reste de la viande.

How much of it remains?
Combien en reste-t-il?

They have some seats.
Ils ont des places.

How many of them do they have?
Combien en ont-ils?

I buy some newspapers.
J'achète des journaux.

How many of them do you buy?
Combien en achetez-vous?

I am looking for the client; you are also looking for him?
Je cherche le client; vous le cherchez aussi?

I am doing some shopping; you are doing some too?
Je fais des courses; vous en faites aussi?

I am listening to the speech; you are listening to it too?
J'écoute le discours; vous l'écoutez aussi?

I am making some coffee; you are making some too?
Je fais du café; vous en faites aussi?

I am looking for the suitcases; are you also looking for them?
Je cherche les valises; vous les cherchez aussi?

I go through the forest; do you go through it too?
Je traverse la forêt; vous la traversez aussi?

I need the car; do you also need it?
J'ai besoin de l'auto; vous en avez besoin aussi?

I like the south of France; do you like it too?
J'aime le Midi; vous l'aimez aussi?

I am buying some tickets; are you buying some too?
J'achète des billets; vous en achetez aussi?

I am looking for the aspirin; are you also looking for it?
Je cherche de l'aspirine; vous en cherchez aussi?

I am bringing some cheese; are you bringing some too?
J'apporte du fromage; vous en apportez aussi?

I am looking for the number; are you also looking for it?
Je cherche le numéro; vous le cherchez aussi?

She is not talking about the matter; do I talk about it?
Elle ne parle pas de l'affaire; est-ce que j'en parle?

She is not buying any tickets; do I buy them?
Elle n'achète pas de billets; est-ce que j'en achète?

She is not asking for any information; do I ask for some?
Elle ne demande pas de renseignements; est-ce que j'en demande?

He does not weigh the letters; do I weigh them?
Il ne pèse pas les lettres; est-ce que je les pèse?

He is not bringing the book; do I bring it?
Il n'apporte pas le livre; est-ce que je l'apporte?

She is not thanking the customers; do I thank them?
Elle ne remercie pas les clients; est-ce que je les remercie?

He is not displaying the text; do I display it?
Il ne montre pas le texte; est-ce que je le montre?

He is not taking coffee; do I take it?
Il ne prend pas de café; est-ce que j'en prends?

She is not providing any information; do I provide some?
Elle ne donne pas de renseignements; est-ce que j'en donne?

He is not bringing the luggage; do I bring it?
Il n'apporte pas les bagages; est-ce que je les apporte?

Do we have the tickets?
A-t-on les billets?

Yes, we have them.
Oui, on les a.

Do they have the change?
Ont-ils de la monnaie?

Yes, they have it.
Oui, ils en ont.

Do they have any friends?
Ont-elles des amis?

Yes, they have some.
Oui, elles en ont.

Does he have any mail?
A-t-il du courrier?

Yes, he has some.
Oui, il en a.

Does he have the mail?
A-t-il le courrier?

Yes, he has it.
Oui, il l'a.

Do they have the tickets?
Ont-elles les billets?

Yes, they have them.
Oui, elles les ont.

Does she have any friends?
A-t-elle des amis?

Yes, she has some.
Oui, elle en a.

Do they have the number?
Ont-ils le numéro?

Yes, they have it.
Oui, ils l'ont.

Do they have the seats?
Ont-elles les places?

Yes, they have them.
Oui, elles les ont.

Does she have the change?
A-t-elle la monnaie?

Yes, she has it.
Oui, elle l'a.

I do not like students.
Je n'aime pas les étudiants.

Why don't you like them?
Pourquoi ne les aimez-vous pas?

We do not close the windows.
On ne ferme pas les fenêtres.

Why don't you close them?
Pourquoi ne les ferme-t-on pas?

They do not do any business.
Ils ne font pas d'affaires.

Why don't they do some?
Pourquoi n'en font-ils pas?

I am not bringing the books.
Je n'apporte pas les livres.

Why aren't you bringing them?
Pourquoi ne les apportez-vous pas?

They do not want the change.
Ils ne veulent pas la monnaie.

Why don't they want it?
Pourquoi ne la veulent-ils pas?

I do not want any tickets.
Je ne veux pas de billets.

Why don't you want any?
Pourquoi n'en voulez-vous pas?

He is not renting the room.
Il ne loue pas la chambre.

Why doesn't he rent it?
Pourquoi ne la loue-t-il pas?

She does not iron the shirts.
Elle ne repasse pas les chemises.

Why doesn't she iron them?
Pourquoi ne les repasse-t-elle pas?

He does not repair the shoes.
Il ne répare pas de chaussures.

Why doesn't he fix them?
Pourquoi n'en répare-t-il pas?

I do not have the book.
Je n'ai pas le livre.

Why don't you have it?
Pourquoi ne l'avez-vous pas?

He does not want any aspirin.
Il ne veut pas d'aspirine.

Why doesn't he want any?
Pourquoi n'en veut-il pas?

I do not know the lesson.
Je ne sais pas la leçon.

Why don't you know it?
Pourquoi ne la savez-vous pas?

She does not like vegetables.
Elle n'aime pas les légumes.

Why doesn't she like them?
Pourquoi ne les aime-t-elle pas?

One does not need the car.
On n'a pas besoin de l'auto.

Why doesn't one need it?
Pourquoi n'en a-t-on pas besoin?

He does not rent a room.
Il ne loue pas de chambre.

Why doesn't he rent it?
Pourquoi n'en loue-t-il pas?

They do not have tickets.
Elles n'ont pas de billets.

Why don't they have any?
Pourquoi n'en ont-elles pas?

They do not have any clients.
Ils n'ont pas de clients.

Why don't they have any?
Pourquoi n'en ont-ils pas?

There is no taxi.
Il n'y a pas de taxi.

Why is there not one?
Pourquoi n'y en a-t-il pas?

They do not want the taxi.
Ils ne veulent pas le taxi.

Why don't they want it?
Pourquoi ne le veulent-ils pas?

He works at the station.
Il travaille à la gare.

He works there.
Il y travaille.

Is he at the office?
Est-il au bureau?

Is he there?
Y est-il?

We have lunch there every day.
Nous y déjeunons tous les jours.

They have lunch there every day.
Ils y déjeunent tous les jours.

We go there every day.
Nous y allons tous les jours.

They go there every day.
Ils y vont tous les jours.

We work there every day.
Nous y travaillons tous les jours.

They work there every day.
Ils y travaillent tous les jours.

We stay there every day.
Nous y restons tous les jours.

They stay there every day.
Ils y restent tous les jours.

In general, it snows there.
En général, il y neige.

In general, it is freezing there.
En général, il y gèle.

In general, it is fine there.
En général, il y fait beau.

In general, it is sunny there.
En général, il y fait du soleil.

In general, it is cold there.
En général, il y fait froid.

In general, it is windy there.
En général, il y a du vent.

In general, it is warm there.
En général, il y fait chaud.

In general, it is bad there.
En général, il y fait mauvais.

One deposits the packages there.
On y dépose les paquets.

You can deposit the packages there.
On y dépose les paquets.

One repairs the car there.
On y répare l'auto.

You can get the car repaired there.
On y répare l'auto.

One purchases bread there.
On y achète le pain.

One can meet some friends there.
On y retrouve des amis.

You can find some clothes on sale there.
On y trouve des vêtements en solde.

You can wash the laundry there.
On y lave le linge.

One can send packets there.
On y envoie les paquets.

They are in Paris; are you going there?
Ils sont à Paris; y allez-vous?

We are going to Lyon; are you going there?
Nous allons à Lyon; y allez-vous?

She lives in Lille; are you going there?
Elle habite à Lille; y allez-vous?

I am going to the station; are you going there?
Je vais à la gare; y allez-vous?

They are going to Versailles; are you going there?
Ils vont à Versailles; y allez-vous?

They are at the seaside; are you going there?
Elles sont au bord de la mer; y allez-vous?

I am going to Janine's place; are you going there?
Je vais chez Janine; y allez-vous?

We are going into town; are you going there?
Nous allons en ville; y allez-vous?

We think of it very often.
Nous y pensons très souvent.

We think about it very often.
Nous y pensons très souvent.

We very often think about it.
Nous y pensons très souvent.

She thinks about it very often.
Elle y pense très souvent.

One thinks about it very often.
On y pense très souvent.

We think about it very often.
On y pense très souvent.

I think about it very often.
J'y pense très souvent.

You think about it very often.
Vous y pensez très souvent.

They think about it very often.
Elles y pensent très souvent.

He thinks about it very often.
Il y pense très souvent.

They think about it very often.
Ils y pensent très souvent.

I am not going to Paris today; I am going there tomorrow.
Je ne vais pas à Paris aujourd'hui; j'y vais demain.

He is not going to Paris today; he will go there tomorrow.
Il ne va pas à Paris aujourd'hui; il y va demain.

We are not going to Paris today; we are going there next Wednesday.
Nous n'allons pas à Paris aujourd'hui; nous y allons mercredi prochain.

They are not going to Paris today; they are going there next week.
Ils ne vont pas à Paris aujourd'hui; ils y vont la semaine prochaine.

We are not going to Paris today; we go there tomorrow.
On ne va pas à Paris aujourd'hui; on y va demain.

You are not going to Paris today; you are going there tomorrow.

Vous n'allez pas à Paris aujourd'hui; vous y allez demain.

She is not going to Paris today; she is going there tomorrow.

Elle ne va pas à Paris aujourd'hui; elle y va demain.

They are not going to Paris today; they are going there next month.

Elles ne vont pas à Paris aujourd'hui; elles y vont le mois prochain.

Since how long have you been working in Paris?

Depuis combien de temps travaillez-vous à Paris?

I have been working there for two years.

J'y travaille depuis deux ans.

How long have you been living in the area?

Depuis combien de temps habitez-vous dans la région?

I have been living there for six years.

J'y habite depuis six ans.

How long have your friends been in Paris?

Depuis combien de temps vos amis sont-ils à Paris?

They have been there for three years.

Ils y sont depuis trois ans.

How long have you been having lunch at the restaurant?

Depuis combien de temps déjeunez-vous au restaurant?

I have been having lunch there for the last two years.

J'y déjeune depuis deux ans.

How long has your friend been living in Lyon?

Depuis combien de temps votre amie habite-t-elle à Lyon?

She has lived there for five years.

Elle y habite depuis cinq ans.

How long has your friend been in the south of France?

Depuis combien de temps votre ami est-il dans le Midi?

He has been there for four years.

Il y est depuis quatre ans.

How long have you lived in Paris?

Depuis combien de temps habitez-vous à Paris?

I have lived there for nine years.

J'y habite depuis neuf ans.

How long have your friends been in Lille?

Depuis combien de temps vos amies sont-elles à Lille?

They have been there for the last seven years.

Elles y sont depuis sept ans.

How long has your friend been working in Paris?

Depuis combien de temps votre ami travaille-t-il à Paris?

He has worked there for eight years.

Il y travaille depuis huit ans.

Are you going to town today?

Vous allez en ville aujourd'hui?

Yes, I go there every day.

Oui, j'y vais tous les jours.

Are you in the office today?

Vous êtes au bureau aujourd'hui?

Yes, I am there every day.

Oui, j'y suis tous les jours.

Do the employees have lunch at the restaurant?
Les employés déjeunent-ils au restaurant?

Yes, they have lunch there every day.
Oui, ils y déjeunent tous les jours.

Do you go to the office on Sunday?
Vous allez au bureau dimanche?

Yes, I go there every day.
Oui, j'y vais tous les jours.

Is your friend going into town today?
Votre ami va-t-il en ville aujourd'hui?

Yes, he goes there every day.
Oui, il y va tous les jours.

Are your friends going to the seaside?
Vos amies vont-elles au bord de la mer?

Yes, they go there every day.
Oui, elles y vont tous les jours.

Are you having lunch at the cafe today?
Vous déjeunez au café aujourd'hui?

Yes, I have lunch there every day.
Oui, j'y déjeune tous les jours.

Is your friend going into town today?
Votre amie va-t-elle en ville aujourd'hui?

Yes, she goes there every day.
Oui, elle y va tous les jours.

They go to Paris, but they do not stay there long.
Ils vont à Paris, mais ils n'y restent pas longtemps.

I go to Paris, but I do not stay there long.
Je vais à Paris, mais je n'y reste pas longtemps.

She goes to Lille, but she does not stay there long.
Elle va à Lille, mais elle n'y reste pas longtemps.

They are at the store, but they are not staying there long.
Elles sont au magasin, mais elles n'y restent pas longtemps.

I am in the south of France, but I am not staying there long.
Je suis dans le Midi, mais je n'y reste pas longtemps.

We go into town, but we do not stay there long.
Nous allons en ville, mais nous n'y restons pas longtemps.

He goes to the countryside, but he does not stay there long.
Il va à la campagne, mais il n'y reste pas longtemps.

You go to the office, but you do not stay there long.
Vous allez au bureau, mais vous n'y restez pas longtemps.

Peter lives in Paris, but he is often not there.
Pierre habite à Paris, mais il n'y est pas souvent.

We live in Paris, but we are not there often.
Nous habitons à Paris, mais nous n'y sommes pas souvent.

They live in Paris, but they are often not there.
Ils habitent à Paris, mais ils n'y sont pas souvent.

You live in Paris, but you are not there often.
Vous habitez à Paris, mais vous n'y êtes pas souvent.

She lives in Paris, but she is often not there.
Elle habite à Paris, mais elle n'y est pas souvent.

I live in Paris, but I am not there often.
J'habite à Paris, mais je n'y suis pas souvent.

They live in Paris, but they are not there often.
Elles habitent à Paris, mais elles n'y sont pas souvent.

What does one insure at the counter?
Qu'assure-t-on au guichet?

One insures the luggage there.
On y assure les bagages.

What does one check in at the counter?
Qu'enregistre-t-on au guichet?

You check in the luggage there.
On y enregistre les bagages.

What does one take to the hotel?
Qu'apporte-t-on à l'hôtel?

One takes the luggage there.
On y apporte les bagages.

What does one take up to the second floor?
Que monte-t-on au deuxième étage?

One takes up the luggage.
On y monte les bagages.

What does one send to the station?
Qu'envoie-t-on à la gare?

One sends the luggage there.
On y envoie les bagages.

What do you weigh at the station?
Que pèse-t-on à la gare?

One weighs the bags there.
On y pèse les bagages.

What does one drop off at the station?
Que dépose-t-on à la gare?

One drops off the luggage.
On y dépose les bagages.

I live in Paris.
J'habite à Paris.

Since when have you lived there?
Depuis quand y habitez-vous?

The children are in the countryside.
Les enfants sont à la campagne.

Since when have they been there?
Depuis quand y sont-ils?

My sister works in Paris.
Ma sœur travaille à Paris.

Since when has she worked there?
Depuis quand y travaille-t-elle?

My brother lives in the south of France.
Mon frère habite dans le Midi.

Since when has he lived there?
Depuis quand y habite-t-il?

Janine is in the office.
Janine est au bureau.

How long has she been there?
Depuis quand y est-elle?

I work in Paris.
Je travaille à Paris.

Since when have you worked there?
Depuis quand y travaillez-vous?

The suitcases are at the station.
Les valises sont à la gare.

Since when have they been there?
Depuis quand y sont-elles?

I have lunch at the restaurant.
Je déjeune au restaurant.

Since when have you been having lunch there?
Depuis quand y déjeunez-vous?

I go to the seaside.
Je vais au bord de la mer.

Do you go there with your friends?
Y allez-vous avec vos amis?

Christiane is at the seaside.
Christiane est au bord de la mer.

Is she there with her friends?
Y est-elle avec ses amis?

My parents are in the south of France.
Mes parents sont dans le Midi.

Are they there with their friends?
Y sont-ils avec leurs amis?

I take lunch at the restaurant.
Je déjeune au restaurant.

Do you have lunch there with your friends?
Y déjeunez-vous avec vos amis?

Pierre goes in the south of France.
Pierre va dans le Midi.

Does he go there with his friends?
Y va-t-il avec ses amis?

Janine and her sister go to Paris.
Janine et sa sœur vont à Paris.

Do they go there with their friends?
Y vont-elles avec leurs amis?

Roger has lunch at the restaurant.
Roger déjeune au restaurant.

Does he have lunch there with his friends?
Y déjeune-t-il avec ses amis?

Janine is going into town.
Janine va en ville.

Will she drop off her friends there?
Y dépose-t-elle ses amis?

My brother is going into town.
Mon frère va en ville.

Is he going to drop his friends off there?
Y dépose-t-il ses amis?

My parents are going to town.
Mes parents vont en ville.

Are they dropping off their friends there?
Y déposent-ils leurs amis?

I am going into town.
Je vais en ville.

Will you drop your friends there?
Y déposez-vous vos amis?

Roger and Christiane are going into town.
Roger et Christiane vont en ville.

Are they going to drop off their friends?
Y déposent-ils leurs amis?

Janine and Christiane are going to town.
Janine et Christiane vont en ville.

Are they going to drop off their friends there?
Y déposent-elles leurs amis?

My sisters are going to town.
Mes sœurs vont en ville.

Are they going to drop off their friends there?
Y déposent-elles leurs amis?

My brother and I are going into town.
Mon frère et moi allons en ville.

Are you going to drop off your friends there?
Y déposez-vous vos amis?

Where are the dresses?
Où sont les robes?

Are they in the suitcase?
Sont-elles dans la valise?

No, they are not there.
Non, elles n'y sont pas.

Where is the luggage?
Où sont les bagages?

Where are the bags?
Où sont les bagages?

Are they at the check-in?
Sont-ils à l'enregistrement?

No, they are not there.
Non, ils n'y sont pas.

Where are your friends?
Où sont vos amis?

Are they in town?
Sont-ils en ville?

No, they are not there.
Non, ils n'y sont pas.

Where is Janine?
Où est Janine?

Is she having lunch at the restaurant?
Déjeune-t-elle au restaurant?

No, she is not having lunch there.
Non, elle n'y déjeune pas.

Where are your friends?
Où sont vos amis?

Are they in town?
Vont-ils en ville?

No, they do not go there.
Non, ils n'y vont pas.

I am going to Paris; are you going there too?
Je vais à Paris; y allez-vous aussi?

I love the heat; do you love it too?
J'aime la chaleur; l'aimez-vous aussi?

I am looking for the station; are you also looking for it?
Je cherche la gare; la cherchez-vous aussi?

I am staying at the store; are you staying there too?
Je reste au magasin; y restez-vous aussi?

I am having lunch at the restaurant; are you having lunch there too?
Je déjeune au restaurant; y déjeunez-vous aussi?

I live in that street; do you live there too?
J'habite dans cette rue; y habitez-vous aussi?

I phone Janine; do you also call her?
Je téléphone à Janine; lui téléphonez-vous aussi?

I have some tickets; do you also have some?
J'ai des billets; en avez-vous aussi?

I am thinking of the holidays; are you thinking about it too?
Je pense aux vacances; y pensez-vous aussi?

Are you thinking about the appointment?
Vous pensez au rendez-vous?

Yes, I am thinking about it.
Oui, j'y pense.

Are you thinking about the transport matter?
Vous pensez à l'affaire de transport?

Yes, I am thinking about it.
Oui, j'y pense.

Does one think about the departure?
On pense au départ?

Yes, one thinks about it.
Oui, on y pense.

Does your sister think about the departure?
Votre sœur pense au départ?

Yes, she thinks about it.
Oui, elle y pense.

Do your friends think about the departure?
Vos amis pensent-ils au départ?

Yes, they think about it.
Oui, ils y pensent.

She is not going to forget?
Elle ne va pas oublier?

No, she thinks about it.
Non, elle y pense.

They are not going to forget?
Ils ne vont pas oublier?

No, they think about it.
Non, ils y pensent.

We are not going to forget?
On ne va pas oublier?

No, we think about it.
Non, on y pense.

They are not going to forget?
Elles ne vont pas oublier?

No, they think about it.
Non, elles y pensent.

He is not going to forget?
Il ne va pas oublier?

No, he thinks about it.
Non, il y pense.

You are not going to forget?
Vous n'allez pas oublier?

No, I think about it.
Non, j'y pense.

Chapter IV
Chapitre IV

We do not go into town today; we are going there tomorrow.

> *Nous n'allons pas en ville aujourd'hui; nous y allons demain.*

We are not going to buy bread today; we are buying it tomorrow.

> *Nous n'achetons pas de pain aujourd'hui; nous en achetons demain.*

Janine is not sending the letter today; she is sending it tomorrow.

> *Janine n'envoie pas la lettre aujourd'hui; elle l'envoie demain.*

Janine is not phoning her brother today; she is calling him tomorrow.

> *Janine ne téléphone pas à son frère aujourd'hui; elle lui téléphone demain.*

I am not going to the office today; I will go there tomorrow.

> *Je ne vais pas au bureau aujourd'hui; j'y vais demain.*

We are not sending the packets today; we are sending them tomorrow.

> *On n'envoie pas les paquets aujourd'hui; on les envoie demain.*

I am not phoning my friends today; I am phoning them tomorrow.

> *Je ne téléphone pas à mes amis aujourd'hui; je leur téléphone demain.*

We are not buying tickets today; we are buying them tomorrow.

> *Nous n'achetons pas les billets aujourd'hui; nous les achetons demain.*

Peter does not need the car today; he needs it tomorrow.

> *Pierre n'a pas besoin de l'auto aujourd'hui; il en a besoin demain.*

I am not packing my bags today; I am packing them tomorrow.

> *Je ne fais pas mes valises aujourd'hui; je les fais demain.*

We are not having lunch at the restaurant today; we are having lunch there tomorrow.

> *Nous ne déjeunons pas au restaurant aujourd'hui; nous y déjeunons demain.*

Is Janine at the restaurant?

> *Janine est-elle au restaurant?*

No, she is not there.

> *Non, elle n'y est pas.*

Is the book in the car?

> *Le livre est-il dans l'auto?*

No, it is not there.

> *Non, il n'y est pas.*

Do you need the car?

> *Avez-vous besoin de l'auto?*

No, I do not need it.

> *Non, je n'en ai pas besoin.*

Do you think about the departure?

> *Pensez-vous au départ?*

No, I do not think about it.

> *Non, je n'y pense pas.*

Is there some bread left?

> *Reste-t-il du pain?*

No, there is none of it left.

> *Non, il n'en reste pas.*

Are you sending some postcards?

> *Envoyez-vous des cartes postales?*

No, I am not sending any.

> *Non, je n'en envoie pas.*

Does Janine have some brothers?

> *Janine a-t-elle des frères?*

No, she does not have any.
Non, elle n'en a pas.

Do you have the tickets?
Avez-vous les billets?

No, I do not have them.
Non, je ne les ai pas.

Are your friends going to Paris?
Vos amis vont-ils à Paris?

No, they are not going there.
Non, ils n'y vont pas.

Is the room suitable for the students?
La chambre convient-elle aux étudiants?

No, it does not suit them.
Non, elle ne leur convient pas.

When are you packing the bags?
Quand faites-vous les bagages?

I am packing them on Saturday.
Je les fais samedi.

When do you need the car?
Quand avez-vous besoin de l'auto?

I need it on Saturday.
J'en ai besoin samedi.

When do you wash the car?
Quand lavez-vous l'auto?

I wash it on Saturdays.
Je la lave samedi.

When are you calling your friends?
Quand téléphonez-vous à vos amis?

I am phoning them on Saturday.
Je leur téléphone samedi.

When are you having lunch at the restaurant?
Quand déjeunez-vous au restaurant?

I am having lunch there on Saturday.
J'y déjeune samedi.

When are you buying the tickets?
Quand achetez-vous les billets?

I am buying them on Saturday.
Je les achète samedi.

When are you going to the countryside?
Quand allez-vous à la campagne?

I am going there on Saturday.
J'y vais samedi.

When are you sending the packets?
Quand envoyez-vous les paquets?

I am sending them on Saturday.
Je les envoie samedi.

When are you buying some cheese?
Quand achetez-vous du fromage?

I am buying some on Saturday.
J'en achète samedi.

So, choose the Atlantic.
Alors, choisissez l'Atlantique.

Then go quickly.
Partez vite, alors.

Come on, make an effort.
Allons, faites un effort.

Let me introduce you to Mr Lelong.
Permettez-moi de vous présenter Monsieur Lelong.

Send them my best wishes.
Transmettez-leur mon meilleur souvenir.

Excuse me.
Excusez-moi.

Tell me we are going to the cafe.
Dites-moi que nous allons au café.

Wake me at six thirty.
Réveillez-moi à six heures et demie.

I am speaking French.
Je parle français.

I speak in French in the classroom.
Je parle en français dans la salle de classe.

I speak French in the street.
Je parle français dans la rue.

I will speak French in France.
Je vais parler français en France.

I will speak French in France.
Je parlerai français en France.

I spoke French in France.
Je parlais français en France.

I spoke French every Wednesday evening.
Je parlais français chaque mercredi soir.

I spoke in French today.
J'ai parlé en français aujourd'hui.

I spoke in French on the phone this morning.
J'ai parlé en français au téléphone ce matin.

I spoke to him twice on the phone.
Je lui ai parlé deux fois au téléphone.

I spoke to her twice on the phone today.
Je lui ai parlé deux fois au téléphone aujourd'hui.

I speak French.
Je parle français.

You speak French.
Vous parlez français.

You are speaking French.
Vous parlez français.

Speak French!
Parlez français!

Let's speak French.
Parlons français.

Let's go to the south of France.
Allons dans le Midi.

Have some change.
Ayez de la monnaie.

Be early.
Soyez en avance.

Know what you want.
Sachez ce que vous voulez.

Please follow me.
Veuillez me suivre.

Speak to him tonight.
Parlez-lui ce soir.

Do not speak to him tonight.
Ne lui parlez pas ce soir.

Let's give him the number.
Donnons-lui le numéro.

Let's not give him the number.
Ne lui donnons pas le numéro.

Go there tomorrow.
Allez-y demain.

Do not go there now.
N'y allez pas maintenant.

Let's go there tomorrow.
Allons-y demain.

Let's not go there now.
N'y allons pas maintenant.

Call them tomorrow.
Téléphonez-leur demain.

Do not call them now.
Ne leur téléphonez pas maintenant.

Let's call them tomorrow.
Téléphonons-leur demain.

Let's not call them now.
Ne leur téléphonons pas maintenant.

Talk to him tomorrow.
Parlez-lui demain.

Do not talk to him now.
Ne lui parlez pas maintenant.

Let's talk to him tomorrow.
Parlons-lui demain.

Let's not talk to him now.
Ne lui parlons pas maintenant.

Do it tomorrow.
Faites-le demain.

Do not do it now.
Ne le faites pas maintenant.

Let's do it tomorrow.
Faisons-le demain.

Let's not do it now.
Ne le faisons pas maintenant.

Fix it tomorrow.
Réparez-le demain.

Do not fix it now.
Ne les réparez pas maintenant.

Let's repair it tomorrow.
Réparons-le demain.

Let's not fix it now.
Ne la réparons pas maintenant.

Buy some tomorrow.
Achetez-en demain.

Do not buy any now.
N'en achetez pas maintenant.

Let's buy some tomorrow.
Achetons-en demain.

Let's not buy any now.
N'en achetons pas maintenant.

Show me something.
Montrez-moi quelque chose.

Show us something.
Montrez-nous quelque chose.

Buy me something.
Achetez-moi quelque chose.

Bring me something.
Apportez-moi quelque chose.

Bring us something.
Apportez-nous quelque chose.

Send me something.
Envoyez-moi quelque chose.

Find us something.
Trouvez-nous quelque chose.

Give me something.
Donnez-moi quelque chose.

Send us something.
Envoyez-nous quelque chose.

Call us later.
Téléphonez-nous plus tard.

Find me later.
Retrouvez-moi plus tard.

Wake them later.
Réveillez-les plus tard.

Call him later.
Téléphonez-lui plus tard.

Make it later.
Faites-en plus tard.

Go there later.
Allez-y plus tard.

Iron it later.
Repassez-la plus tard.

Listen to it later.
Ecoutez-le plus tard.

Do not buy them today.
Ne les achetez pas aujourd'hui.

Do not buy it today.
Ne l'achetez pas aujourd'hui.

Do not send them today.
Ne les envoyez pas aujourd'hui.

Do not send it today.
Ne l'envoyez pas aujourd'hui.

Do not bring them today.
Ne les apportez pas aujourd'hui.

Do not try them today.
Ne les essayez pas aujourd'hui.

Do not try it today.
Ne l'essayez pas aujourd'hui.

Do not send me a book.
Ne m'envoyez pas de livre.

Do not buy me a book.
Ne m'achetez pas de livre.

Do not send him a book.
Ne lui envoyez pas de livre.

Do not send them a book.
Ne leur envoyez pas de livre.

Do not buy her a book.
Ne lui achetez pas de livre.

Do not buy them a book.
Ne leur achetez pas de livre.

Let's not talk about it; it is too late.
N'en parlons pas; c'est trop tard.

Do not talk about it; it is too late.
N'en parlez pas; c'est trop tard.

Do not go there; it is too late.
N'y allez pas; c'est trop tard.

Let's not go there; it is too late.
N'y allons pas; c'est trop tard.

Let's not send it; it is too late.
N'en envoyons pas; c'est trop tard.

Do not buy any; it is too late.
N'en achetez pas; c'est trop tard.

Let's not buy any; it is too late.
N'en achetons pas; c'est trop tard.

Do not think about it; it is too late.
N'y pensez pas; c'est trop tard.

Have some change.
Ayez de la monnaie.

Have the name of the manager.
Ayez le nom du gérant.

Have the date of his departure.
Ayez la date de son départ.

Have the time of arrival in Paris.
Ayez l'heure d'arrivée à Paris.

Have the storage record.
Ayez la fiche du magasin.

Know what you want.
Sachez ce que vous voulez.

Know your lesson.
Sachez votre leçon.

Know where it goes.
Sachez où il va.

Know when he leaves.
Sachez quand il part.

Know why he wants to see me.
Sachez pourquoi il veut me voir.

Know how to listen.
Sachez écouter.

Don't always be early.
Ne soyez pas toujours en avance.

Don't always be satisfied.
Ne soyez pas toujours satisfait.

Don't always be on the phone.
Ne soyez pas toujours au téléphone.

Don't always be late.
Ne soyez pas toujours en retard.

Don't always be together.
Ne soyez pas toujours ensemble.

Don't always be with them.
Ne soyez pas toujours avec eux.

Please follow me.
Veuillez me suivre.

Please iron this shirt.
Veuillez repasser cette chemise.

Please fill out this form.
Veuillez remplir cette fiche.

Please wake me up at six o'clock.
Veuillez me réveiller à six heures.

Please speak louder.
Veuillez parler plus fort.

Please send this letter.
Veuillez envoyer cette lettre.

If you want to go into town, go ahead.
Si vous voulez aller en ville, allez-y.

If you want to stay at the store, stay there.
Si vous voulez rester au magasin, restez-y.

If you want to call John, call him.
Si vous voulez téléphoner à John, téléphonez-lui.

If you want to buy some cakes, buy them.
Si vous voulez acheter des gâteaux, achetez-en.

If you want to pack the bags, pack them.
Si vous voulez faire les bagages, faites-les.

If you want to pack the luggage, do it.
Si vous voulez faire les bagages, faites-les.

If you want to rent the villa, rent it.
Si vous voulez louer la villa, louez-la.

If you want to listen to the speech, listen to it.
Si vous voulez écouter le discours, écoutez-le.

If you want to have lunch at the restaurant, have lunch there.
Si vous voulez déjeuner au restaurant, déjeunez-y.

If you want to send some postcards, send them.
Si vous voulez envoyer des cartes postales, envoyez-en.

If you can call me, call me.
Si vous pouvez me téléphoner, téléphonez-moi.

If you can call us, call us.
Si vous pouvez nous téléphoner, téléphonez-nous.

If you want to leave us, leave us.
Si vous voulez nous quitter, quittez-nous.

If you want to leave me, leave me.
Si vous voulez me quitter, quittez-moi.

If you can listen to me, listen to me.
Si vous pouvez m'écouter, écoutez-moi.

If you can pay us, pay us.
Si vous pouvez nous payer, payez-nous.

If you can pay me, pay me.
Si vous pouvez me payer, payez-moi.

If you can find us, find us.
Si vous pouvez nous trouver, trouvez-nous.

If you can find me, find me.
Si vous pouvez me trouver, trouvez-moi.

If we need to pack the bags, let's pack them right away.
S'il faut faire les bagages, faisons-les tout de suite.

If we need to reserve some seats, let's reserve them immediately.
S'il faut louer les places, louons-les tout de suite.

If we need to buy medicines, let's buy them straight away.
S'il faut acheter des médicaments, achetons-en tout de suite.

If we need to call your friend, let's phone him right now.
S'il faut téléphoner à votre ami, téléphonons-lui tout de suite.

If we need to pay the employees, let's pay them at once.
S'il faut payer les employés, payons-les tout de suite.

If we need to stay at the office, let's stay there.
S'il faut rester au bureau, restons-y.

If we need to find the number, let's find it right away.
S'il faut chercher le numéro, cherchons-le tout de suite.

If we need to listen to the president, let's listen to him right now.
S'il faut écouter le président, écoutons-le tout de suite.

If we need to go to the park, let's go there now.
S'il faut aller au parc, allons-y tout de suite.

If we need to repair the car, let's repair it immediately.
S'il faut réparer l'auto, réparons-la tout de suite.

I am bringing some newspapers; do not bring any.
J'apporte des journaux; n'en apportez pas.

I am bringing the newspapers; do not bring them.
J'apporte les journaux; ne les apportez pas.

I am buying some bread; don't buy any.
J'achète du pain; n'en achetez pas.

I am phoning the employees; do not call them.
Je téléphone aux employés; ne leur téléphonez pas.

I am buying the book; do not buy it.
J'achète le livre; ne l'achetez pas.

I am phoning Janine; do not call her.
Je téléphone à Janine; ne lui téléphonez pas.

This book is too expensive; don't buy it.
Ce livre est trop cher; ne l'achetez pas.

This book is not too expensive; buy it.
Ce livre n'est pas trop cher; achetez-le.

This outfit is expensive; do not buy it.
Ce costume est cher; ne l'achetez pas.

This suit is not expensive; buy it.
Ce costume n'est pas cher; achetez-le.

This dress is not expensive; buy it.
Cette robe n'est pas chère; achetez-la.

This dress is expensive; do not buy it.
Cette robe est chère; ne l'achetez pas.

This suit is inexpensive; buy it.
Ce costume n'est pas cher; achetez-le.

This suit is expensive; do not buy it.
Ce costume est cher; ne l'achetez pas.

These suits are expensive; don't buy them.
Ces costumes sont chers; ne les achetez pas.

These suits are cheap; buy them.
Ces costumes ne sont pas chers; achetez-les.

These shirts are not expensive; buy them.
Ces chemises ne sont pas chères; achetez-les.

These shirts are expensive; do not buy them.
Ces chemises sont chères; ne les achetez pas.

This dress is too expensive; do not buy it.
Cette robe est trop chère; ne l'achetez pas.

This dress is not too expensive; buy it.
Cette robe n'est pas trop chère; achetez-la.

If you cannot call your friend now, call him later.
Si vous ne pouvez pas téléphoner à votre ami maintenant, téléphonez-lui plus tard.

If you do not want to buy the car now, buy it later.
Si vous ne voulez pas acheter l'auto maintenant, achetez-la plus tard.

If you cannot call your friends now, call them later.
Si vous ne pouvez pas téléphoner à vos amis maintenant, téléphonez-leur plus tard.

If you do not want to pay us now, pay us later.
Si vous ne voulez pas nous payer maintenant, payez-nous plus tard.

If you do not want to talk to me now, speak to me later.
Si vous ne voulez pas me parler maintenant, parlez-moi plus tard.

If you do not want to talk to your friends now, talk to them later.
Si vous ne voulez pas parler à vos amis maintenant, parlez-leur plus tard.

If you do not want to buy bread now, buy some later.
Si vous ne voulez pas acheter de pain maintenant, achetez-en plus tard.

If you do not want to count the change now, count it later.
Si vous ne voulez pas compter la monnaie maintenant, comptez-la plus tard.

If you do not want to send the packages now, send them later.
Si vous ne voulez pas envoyer les paquets maintenant, envoyez-les plus tard.

If you want to buy the car, buy it.
Si vous voulez acheter l'auto, achetez-la.

If you do not want to buy the car, do not buy it.
Si vous ne voulez pas acheter l'auto, ne l'achetez pas.

If you do not want to listen to the news, do not listen to it.
Si vous ne voulez pas écouter les nouvelles, ne les écoutez pas.

If you cannot fix the car, don't fix it.
Si vous ne pouvez pas réparer l'auto, ne la réparez pas.

If you want to go to the south of France, go ahead.
Si vous voulez aller dans le Midi, allez-y.

If you want to buy some magazines, buy them.
Si vous voulez acheter des revues, achetez-en.

If you do not want to reserve your seats, do not reserve them.
Si vous ne voulez pas louer vos places, ne les louez pas.

If you can close the suitcase, close it.
Si vous pouvez fermer la valise, fermez-la.

If you cannot call me, don't call me.
Si vous ne pouvez pas me téléphoner, ne me téléphonez pas.

If you do not want to listen to me, don't listen to me.
Si vous ne voulez pas m'écouter, ne m'écoutez pas.

If you want to talk to your friends, talk to them.
Si vous voulez parler à vos amis, parlez-leur.

If you cannot talk about the accident, don't talk about it.
Si vous ne pouvez pas parler de l'accident, n'en parlez pas.

If you want to stay in Paris, stay there.
Si vous voulez rester à Paris, restez-y.

If you want to close the windows, close them.
Si vous voulez fermer les fenêtres, fermez-les.

Tell me to call you at eight o'clock.
Dites-moi de vous téléphoner à huit heures.

Tell me not to call you.
Dites-moi de ne pas vous téléphoner.

Tell me that I need some tickets.
Dites-moi qu'il me faut des billets.

Tell me to buy them.
Dites-moi d'en acheter.

Tell me to go to Paris.
Dites-moi d'aller à Paris.

Tell me to go there over the weekend.
Dites-moi d'y aller pendant le weekend.

Tell me to go in the south of France.
Dites-moi d'aller dans le Midi.

Tell me not to go there in July.
Dites-moi de ne pas y aller en juillet.

Tell me that the president is making a speech.
Dites-moi que le président fait un discours.

Tell me to listen to it.
Dites-moi de l'écouter.

Tell me that Janine is on the phone.
Dites-moi que Janine est au téléphone.

Tell me not to bother her.
Dites-moi de ne pas la déranger.

Tell me my friend has called me.
Dites-moi que mon ami m'a téléphoné.

Tell me to call him.
Dites-moi de lui téléphoner.

Tell me to have lunch at the restaurant.
Dites-moi de déjeuner au restaurant.

Tell me to have lunch there at midday.
Dites-moi d'y déjeuner à midi.

Tell me to reserve my seats.
Dites-moi de louer mes places.

Tell me to reserve them now.
Dites-moi de les louer maintenant.

They are filling out some forms.
Ils remplissent des fiches.

They are filling in some forms.
Ils remplissent des fiches.

I have a new job.
J'ai un nouvel emploi.

I fill out two forms.
Je remplis deux formes.

We fill out the forms.
Nous remplissons les formulaires.

You fill out the form.
Vous remplissez le formulaire.

You can fill out an electronic form.
Vous pouvez remplir un formulaire électronique.

She fills a new position.
Elle remplit une nouvelle position.

He fills a new function.
Il remplit une fonction nouvelle.

They fill an important position.
Ils remplissent une position importante.

They perform an important role.
Ils jouent un rôle important.

I choose the same thing.
Je choisis la même chose.

We always choose the same thing.
Nous choisissons toujours la même chose.

You choose something different.
Vous choisissez quelque chose de différent.

He chooses to be happy.
Il choisit d'être heureux.

He chooses to be here with you.
Il choisit d'être ici avec vous.

He chooses to improve his life and those around him.
Il choisit d'améliorer sa vie et ceux autour de lui.

She chooses to be a witness.
Elle choisit d'être un témoin.

She chooses to be here among you.
Elle choisit d'être ici parmi vous.

She chooses to improve her life and those of her children.
Elle choisit d'améliorer sa vie et celle de ses enfants.

They are choosing a new president.
Ils choisissent un nouveau président.

They choose to improve their lives.
Ils choisissent d'améliorer leur vie.

They choose to improve their lives and those of their families.
Ils choisissent d'améliorer leur vie et celle de leurs familles.

They choose the new road.
Ils choisissent la nouvelle route.

I am happy to be here this morning.
Je suis heureux d'être ici ce matin.

I am happy to be here today.
Je suis heureux d'être ici aujourd'hui.

I am happy to be here tonight.
Je suis heureux d'être ici ce soir.

I am blushing for nothing.
Je rougis pour rien.

We blush for good reason.
Nous rougissons pour une bonne raison.

You are blushing for another reason.
Vous rougissez pour une autre raison.

He blushes all the time.
Il rougit tout le temps.

She blushes every time.
Elle rougit à chaque fois.

They blush about nothing.
Ils rougissent de rien.

They blush about nothing.
Ils rougissent pour rien.

They are blushing for nothing.
Ils rougissent pour un rien.

I am turning pale with fear.
Je pâlis de peur.

They are growing quickly.
Ils grandissent vite.

We are growing old too soon.
Nous vieillissons trop tôt.

They are getting fatter because they eat too much.
Ils grossissent parce qu'ils mangent trop.

We get thin when we work.
Nous maigrissons quand nous travaillons.

He slows down because of the rain.
Il ralentit à cause de la pluie.

They land near here.
Ils atterrissent près d'ici.

She obeys her parents.
Elle obéit à ses parents.

Are they landing?
Est-ce qu'ils atterrissent?

Are they growing?
Est-ce qu'ils grossissent?

Are they becoming thinner?
Est-ce qu'ils maigrissent?

Are they losing weight?
Est-ce qu'ils maigrissent?

Are they getting older?
Est-ce qu'ils vieillissent?

Are they slowing down?
Est-ce qu'ils ralentissent?

Do they obey?
Est-ce qu'ils obéissent?

Are they obedient?
Est-ce qu'ils obéissent?

Are they becoming pale?
Est-ce qu'ils pâlissent?

Are they blushing?
Est-ce qu'ils rougissent?

Is he touching down?
Est-ce qu'il atterrit?

Is he slowing down?
Est-ce qu'il ralentit?

Is it slowing down?
Est-ce qu'il ralentit?

Does she obey?
Est-ce qu'elle obéit?

Is she obedient?
Est-ce qu'elle obéit?

Do they obey?
Est-ce qu'elles obéissent?

Are they obedient?
Est-ce qu'elles obéissent?

Does she blush?
Est-ce qu'elle rougit?

Is she blushing?
Est-ce qu'elle rougit?

Are they ashamed?
Est-ce qu'elles rougissent?

I fill in the forms.
Je remplis les fiches.

I fill out the forms.
Je remplis les fiches.

We fill out the forms.
Nous remplissons les fiches.

You fill out the forms.
Vous remplissez les fiches.

One fills out the forms.
On remplit les fiches.

The client fills out the forms.
Le client remplit les fiches.

The clients fill out the forms.
Les clients remplissent les fiches.

I am filling out the forms.
Je remplis les fiches.

I think that they are slowing down.
Je crois qu'ils ralentissent.

I believe that they are having lunch.
Je crois qu'ils déjeunent.

I think that they are landing.
Je crois qu'ils atterrissent.

I think that they accept.
Je crois qu'ils acceptent.

I think that they are obeying.
Je crois qu'ils obéissent.

I think that they are working.
Je crois qu'ils travaillent.

I think that they make a difference.
Je crois qu'ils font une différence.

I think that they are making a difference.
Je crois qu'ils font une différence.

I think that they made a difference.
Je crois qu'ils ont fait une différence.

I think that they will make a difference.
Je pense qu'ils vont faire une différence.

I think that they are going to make a difference.
Je pense qu'ils vont faire une différence.

I think that they will make a difference.
Je crois qu'ils feront une différence.

Why are you phoning?
Pourquoi téléphonez-vous?

Why land?
Pourquoi atterrissez-vous?

Why are you staying?
Pourquoi restez-vous?

Why are you blushing?
Pourquoi rougissez-vous?

Why hang up?
Pourquoi raccrochez-vous?

Why are you slowing down?
Pourquoi ralentissez-vous?

Why return home?
Pourquoi rentrez-vous?

Why obey?
Pourquoi obéissez-vous?

Why call?
Pourquoi téléphonez-vous?

The plane is landing on time.
L'avion atterrit à l'heure.

The plane is landing in half an hour.
L'avion atterrit dans une demi-heure.

The plane is going to land in just fifteen minutes.
L'avion va atterrir en seulement quinze minutes.

The plane will land in a few minutes.
L'avion va atterrir dans quelques minutes.

The plane landed safely.
L'avion a atterri en toute sécurité.

The plane has landed safely.
L'avion a atterri en toute sécurité.

The plane was landing without difficulty.
L'avion atterrissait sans difficulté.

The plane was landing safely.
L'avion atterrissait en toute sécurité.

The plane landed safely every time.
L'avion atterrissait en toute sécurité à chaque fois.

The plane will land in New York.
L'avion atterrira à New York.

The planes land on time.
Les avions atterrissent à l'heure.

The planes are landing on time.
Les avions atterrissent à l'heure.

The planes landed on time yesterday.
Les avions ont atterri à l'heure hier.

The planes landed on time on weekends.
Les avions atterrissaient à l'heure le weekend.

The planes used to land on time.
Les avions atterrissaient à l'heure.

The children obey the parents.
Les enfants obéissent aux parents.

The child obeys the parents.
L'enfant obéit aux parents.

I obey the teacher.
J'obéis l'enseignant.

We obey the stop signs.
Nous obéissons aux panneaux d'arrêt.

We obey the traffic lights.
Nous obéissons aux feux de circulation.

You obey your heart.
Tu obéis votre cœur.

You follow your heart.
Vous suivez votre cœur.

You follow your joy.
Vous suivez votre joie.

You follow your plan.
Vous suivez votre plan.

You follow your intuition.
Vous suivez votre intuition.

You follow your diet.
Vous suivez votre régime alimentaire.

You obey your mother.
Vous obéissez à votre mère.

You obey your father.
Vous obéissez à votre père.

They obey the army.
Ils obéissent à l'armée.

They do not obey the police.
Ils n'obéissent pas à la police.

Objects obey the law of gravity.
Objets obéissent à la loi de la gravité.

Children often blush.
Les enfants rougissent souvent.

The child often blushes.
L'enfant rougit souvent.

Children grow very quickly.
Les enfants grandissent très vite.

The child grows very quickly.
L'enfant grandit très vite.

The children are losing weight.
Les enfants maigrissent.

The child is losing weight.
L'enfant maigrit.

Customers fill in the form.
Les clients remplissent la fiche.

The customer fills in the form.
Le client remplit la fiche.

The customer fills out the form.
Le client remplit la fiche.

The customers choose some vegetables.
Les clients choisissent des légumes.

The customer chooses some vegetables.
Le client choisit des légumes.

I am finishing lunch and then I am coming.
Je finis de déjeuner et j'arrive.

He is finishing lunch and then he is coming.
Il finit de déjeuner et il arrive.

We are finishing lunch and then we are coming.
Nous finissons de déjeuner et nous arrivons.

They are finishing lunch and then they are coming.
Ils finissent de déjeuner et ils arrivent.

She is finishing lunch and then she is coming.
Elle finit de déjeuner et elle arrive.

They are finishing lunch and then they are coming.
Elles finissent de déjeuner et elles arrivent.

It begins at nine o'clock and ends at ten o'clock.
On commence à neuf heures et on finit à dix heures.

One starts at seven o'clock and finishes at three o'clock.
On commence à sept heures et on finit à trois heures.

I start at seven o'clock and finish at three o'clock.
Je commence à sept heures et je finis à trois heures.

Employees start at seven o'clock and finish at three o'clock.
Les employés commencent à sept heures et ils finissent à trois heures.

The saleswoman starts at seven and finishes at three o'clock.
La vendeuse commence à sept heures et elle finit à trois heures.

The salesman starts at eight and finishes at four o'clock.
Le vendeur commence à huit heures et il finit à quatre heures.

We start at seven o'clock and finish at three o'clock.
Nous commençons à sept heures et nous finissons à trois heures.

You start at seven o'clock and finish at three o'clock.
Vous commencez à sept heures et vous finissez à trois heures.

My wife starts at seven and finishes at three.
Ma femme commence à sept heures et elle finit à trois heures.

He is next door; he is filling in the forms.
Il est à côté; il remplit les fiches.

They are next door; they are filling in the forms.

Elles sont à côté; elles remplissent les fiches.

We are next door; we are filling in the forms.

Nous sommes à côté; nous remplissons les fiches.

I am next door; I am filling in the forms.

Je suis à côté; je remplis les fiches.

She is next door; she is filling in the forms.

Elle est à côté; elle remplit les fiches.

They are next door; they are filling in the forms.

Ils sont à côté; ils remplissent les fiches.

Do you find that I exaggerate?

Vous trouvez que j'exagère?

Yes, I think that you exaggerate.

Oui, je trouve que vous exagérez.

Do you find that I am getting thinner?

Vous trouvez que je maigris?

Do you find that I am losing weight?

Vous trouvez que je maigris?

Yes, I think you are losing weight.

Oui, je trouve que vous maigrissez.

Do you find that I live too far away?

Vous trouvez que j'habite trop loin?

Yes, I think that you live too far away.

Oui, je trouve que vous habitez trop loin.

Do you deem that I am getting bigger?

Vous trouvez que je grossis?

Yes, I think that you are getting bigger.

Oui, je trouve que vous grossissez.

Do you find that I work well?

Vous trouvez que je travaille bien?

Yes, I think you work well.

Oui, je trouve que vous travaillez bien.

Do you find that I talk too fast?

Vous trouvez que je parle trop vite?

Yes, I think you speak too fast.

Oui, je trouve que vous parlez trop vite.

Do you find that I am getting old?

Vous trouvez que je vieillis?

Yes, I think you are getting old.

Oui, je trouve que vous vieillissez.

Does your daughter often blush?

Votre fille rougit souvent?

Yes, when we speak to her.

Oui, quand on lui parle.

Yes, when she is spoken to.

Oui, quand on lui parle.

Yes, when you speak to her.

Oui, quand on lui parle.

Do they often blush?

Elles rougissent souvent?

Yes, when they are spoken to.

Oui, quand on leur parle.

Yes, when you speak to them.

Oui, quand on leur parle.

Does he blush often?

Il rougit souvent?

Yes, when we talk to him.

Oui, quand on lui parle.

Does this child often blush?

Cet enfant rougit souvent?

Yes, when we talk to him.

Oui, quand on lui parle.

Does she often blush?
Elle rougit souvent?

Yes, when you talk to her.
Oui, quand on lui parle.

Do they often blush?
Ils rougissent souvent?

Yes, when one speaks to them.
Oui, quand on leur parle.

I am finishing the letter.
Je finis la lettre.

We are finishing the letter.
Nous finissons la lettre.

I am finishing my language studies.
Je finis mes études de langue.

I am finishing my coffee.
Je finis mon café.

We are finishing our language studies.
Nous finissons nos études de langue.

We are finishing our breakfast.
Nous finissons notre petit déjeuner.

You are finishing your course.
Tu finis ton cours.

You are finishing your language studies.
Tu finis tes études de langue.

You are finishing your language studies.
Vous finissez vos études de langue.

You are finishing your vegetable soup.
Vous finissez votre soupe de légumes.

He is finishing his course.
Il finit son cours.

She is finishing her studies.
Elle finit ses études.

They are finishing their summer vacation.
Ils finissent leurs vacances d'été.

Chapter V
Chapitre V

I thank the employees.
Je remercie les employés.

We thank the employees.
Nous remercions les employés.

I am getting old.
Je vieillis.

We are getting old.
Nous vieillissons.

I often pray.
Je prie souvent.

We often pray.
Nous prions souvent.

I know a lot of things.
Je sais beaucoup de choses.

I know a lot of things about life.
Je sais beaucoup de choses sur la vie.

I do not know a lot about life after death.
Je ne sais pas beaucoup de choses sur la vie après la mort.

We know a lot of things.
Nous savons beaucoup de choses.

We know a lot of things about this life.
Nous savons beaucoup de choses sur cette vie.

I am trying something else.
J'essaie autre chose.

I am trying something else for a while.
J'essaie autre chose pendant un certain temps.

We try something else.
Nous essayons autre chose.

We are trying something for a while.
Nous essayons quelque chose pendant un certain temps.

I always slow down.
Je ralentis toujours.

We always slow down.
Nous ralentissons toujours.

I am landing in Paris.
J'atterris à Paris.

We are landing in Paris.
Nous atterrissons à Paris.

I pack the bags.
Je fais les bagages.

We pack the bags.
Nous faisons les bagages.

I am not getting fatter.
Je ne grossis pas.

I am not putting on weight.
Je ne grossis pas.

We are not putting on weight.
Nous ne grossissons pas.

I want some vegetables.
Je veux des légumes.

We want some vegetables.
Nous voulons des légumes.

You want some fruit.
Tu veux un peu de fruits.

You want some fruit.
Vous voulez un peu de fruits.

He wants some orange juice.
Il veut du jus d'orange.

She wants some apple juice.
Elle veut du jus de pomme.

They want some beer and spirits.
Ils veulent de la bière et des spiritueux.

They want a glass of wine.
Ils veulent un verre de vin.

I am choosing something else.
Je choisis autre chose.

We are choosing something else.
Nous choisissons autre chose.

Thank you.
Je vous remercie.

Thank you.
Nous vous remercions.

I am meeting her here.
Je la retrouve ici.

We are meeting her here.
Nous la retrouvons ici.

Dialogue:
Dialogue:

The manager tells Mr Salin to close the door and sit down.
Le gérant dit à Monsieur Salin de fermer la porte et de s'asseoir.

Mr Salin gives his name to the manager.
Monsieur Salin donne son nom au gérant.

Mr Salin now works at the Hotel de Paris, but the hotel is going to close.
Monsieur Salin travaille maintenant à l'Hôtel de Paris, mais l'hôtel va fermer.

He accepts the work here.
Il accepte de travailler ici.

The hotel employee is leaving and Mr Salin can start next month.
L'employé de l'hôtel va partir et Monsieur Salin peut commencer le mois prochain.

Manager: Close the door, please. Sit down. What is your name?
Gérant: Fermez la porte, s'il vous plaît. Asseyez-vous. Quel est votre nom?

Salin: Robert Salin.
Salin: Robert Salin.

Manager: Where do you work now?
Gérant: Où travaillez-vous maintenant?

Salin: At the Hotel de Paris, but I need to change; it is going to close for the winter.
Salin: A l'Hôtel de Paris, mais je dois changer; il va fermer pour l'hiver.

Manager: Do you want to work here?
Gérant: Voulez-vous travailler ici?

Salin: That suits me perfectly.
Salin: Cela me convient tout à fait.

Manager: Our employee leaves in a fortnight. You can start next month.
Gérant: Notre employé part dans quinze jours. Vous pouvez commencer le mois prochain.

Dialogue:
Dialogue:

Christiane departs for Lyon.
Christiane part pour Lyon.

She is not on vacation; she is going there for a family matter.
Elle n'est pas en vacances, elle y va pour une affaire de famille.

John cannot go there with her.
John ne peut pas y aller avec elle.

Christiane will only stay there a few days.
Christiane ne va y rester que quelques jours.

Tim: And Christiane, how is she going?
Tim: Et Christiane, comment va-t-elle?

John: Very well. She departs for Lyon tonight.
John: Très bien. Elle part ce soir pour Lyon.

Tim: Is she on vacation?
Tim: Est-elle en vacances?

John: No, she is going there for a family matter.
John: Non, elle y va pour une affaire de famille.

Tim: You are not going there with her?
Tim: Vous n'y allez pas avec elle?

John: No, I cannot, because of my work.
John: Non, je ne peux pas à cause de mon travail.

Tim: Is she going to stay there long?
Tim: Est-ce qu'elle va y rester longtemps?

John: No, just a few days.
John: Non, quelques jours seulement.

Dialogue:
Dialogue:

Henry just comes back (home).
Henri vient de rentrer.

Roger would like to talk to him.
Roger voudrait lui parler.

He has a business letter, and asks Henry if he can translate it.
Il a une lettre d'affaires et demande à Henri s'il peut la traduire.

Henry can do it right away.
Henri peut le faire tout de suite.

Roger gets him to bring the letter, and Henry will read the text to him later over the phone.
Roger lui fait porter la lettre et Henri lui en lira le texte plus tard par téléphone.

Roger: Hello, Janine? Is Henry there?
Roger: Allô, Janine? Henri est-il là?

Janine: He has just returned.
Janine: Il vient justement de rentrer.

Roger: Can I talk to him?
Roger: Est-ce que je peux lui parler?

Janine: Don't go away; I will go and find him.
Janine: Ne quittez pas, je vais le chercher.

Roger: Hello, Henry, I am sorry to bother you, but I just received a business letter in English. Can you translate it today?
Roger: Allô, Henri, excusez-moi de vous déranger, mais je viens de recevoir une lettre d'affaires en anglais. Pouvez-vous la traduire aujourd'hui?

Henry: Certainly, if you send it to me immediately.
Henri: Volontiers, si vous me l'envoyez tout de suite.

Roger: My employee will bring it to you now, and you can call me later to give me the text.
Roger: Mon employé va vous l'apporter maintenant et vous pouvez m'appeler plus tard pour m'en donner le texte.

Sentences:
Phrases:

When will we go to the hairdresser?
Quand va-t-on chez le coiffeur?

When does the hairdresser close?
Quand le coiffeur ferme-t-il?

Do you have a good hairdresser?
Avez-vous un bon coiffeur?

Do you go to the hairdresser once a week?
Allez-vous chez le coiffeur une fois par semaine?

Do you like to go to the hairdresser?
Aimez-vous aller chez le coiffeur?

Does one wait for a long time at the hairdresser?

Est-ce qu'on attend longtemps chez le coiffeur?

Do the hairdressers like to talk?

Les coiffeurs aiment-ils parler?

If one wants a haircut, where does one go?

Si on veut une coupe de cheveux, où va-t-on?

Do you like the hair short?

Aimez-vous les cheveux courts?

Do the women have long or short hair?

Les femmes ont-elles les cheveux longs ou courts?

Where can one buy a comb?

Où peut-on acheter un peigne?

Is the soap good for hair?

Le savon est-il bon pour les cheveux?

Is the hair easy to wash?

Les cheveux sont-ils faciles à laver?

Does your hairdresser cut hair with a razor?

Votre coiffeur coupe-t-il les cheveux au rasoir?

Do you need a haircut?

Avez-vous besoin d'une coupe de cheveux?

When does one need a haircut?

Quand a-t-on besoin d'une coupe de cheveux?

We go to the football game on Sunday, no?

On va au match de football le dimanche, n'est-ce pas?

Around what time do the games start?

Vers quelle heure les matchs commencent-ils?

Are there football matches all year round?

Y a-t-il des matchs de football toute l'année?

In Paris, where do you go to attend a game?

A Paris, où allez-vous pour assister à un match?

Do you like English or French football?

Aimez-vous le football anglais ou français?

When does the football season start?

Quand commence la saison de football?

Have you read the papers this morning?

Avez-vous lu les journaux ce matin?

What have you read?

Qu'avez-vous lu?

Do you like the sports section?

Aimez-vous la rubrique sportive?

What is the weather like in Paris in November?

Quel temps fait-il à Paris en novembre?

Does one wear warm clothes when one goes to the game?

Porte-t-on des vêtements chauds quand on va au match?

Do we always take a taxi to go to the Parc des Princes?

Prend-on toujours un taxi pour aller au Parc des Princes?

When do we take a taxi?

Quand prend-on un taxi?

Do you like to drive in the streets of Paris?

Aimez-vous conduire dans les rues de Paris?

Do you like to drive at high speed when it snows?

Aimez-vous conduire à toute vitesse quand il neige?

How are the roads when it snows?
Comment sont les routes quand il neige?

Do you leave early for the office when the roads are slippery?
Partez-vous plus tôt pour le bureau quand les routes sont glissantes?

When do you go slowly to the office?
Quand va-t-on lentement au bureau?

What are you risking if you go too fast?
Que risquez-vous si vous allez trop vite?

Are there a lot of accidents when it snows?
Y a-t-il beaucoup d'accidents quand il neige?

Why?
Pourquoi?

Tell me that you are going to slow down when you get in town.
Dites-moi que vous ralentissez quand vous arrivez en ville.

Tell me to slow down when I get into town.
Dites-moi de ralentir quand j'arrive en ville.

Tell me to call my friends.
Dites-moi de téléphoner à mes amis.

Tell me to call them tonight.
Dites-moi de leur téléphoner ce soir.

Tell me that you are going to the seaside.
Dites-moi que vous allez au bord de la mer.

Tell me to go there too.
Dites-moi d'y aller aussi.

Tell me that you are going there during the weekend.
Dites-moi que vous y allez pendant le weekend.

Tell me I do not bother you.
Dites-moi que je ne vous dérange pas.

Tell me not to bother you.
Dites-moi de ne pas vous déranger.

Ask me if I am having lunch in town.
Demandez-moi si je déjeune en ville.

Ask me when I have lunch there.
Demandez-moi quand j'y déjeune.

Ask me to wake you up at six o'clock.
Demandez-moi de vous réveiller à six heures.

I do not know if I put on weight or lose weight in summer.
Je ne sais pas si je grossis ou maigris en été.

He does not know if he gets fatter or thinner in summer.
Il ne sait pas s'il grossit ou maigrit en été.

One does not know if one gains weight or loses weight in summer.
On ne sait pas si on grossit ou maigrit en été.

We do not know if we get fatter or if we lose weight summer.
Nous ne savons pas si nous grossissons ou maigrissons en été.

They do not know if they get bigger or lose weight in summer.
Elles ne savent pas si elles grossissent ou maigrissent en été.

You do not know if you put on weight or lose weight in summer.
Vous ne savez pas si vous grossissez ou maigrissez en été.

She does not know if she puts on weight or loses weight in summer.
Elle ne sait pas si elle grossit ou maigrit en été.

They do not know if they gain or lose weight in summer.
Ils ne savent pas s'ils grossissent ou maigrissent en été.

Do you want some razor blades?
Voulez-vous des lames au rasoir?

No, I do not want any.
Non, je n'en veux pas.

Do you think about your vacation?
Pensez-vous à vos vacances?

No, I do not think about it.
Non, je n'y pense pas.

Do the children obey their parents?
Les enfants obéissent-ils à leurs parents?

No, they do not obey them.
Non, ils ne leur obéissent pas.

Do you have some holidays this year?
Avez-vous des vacances cette année?

No, I do not have any.
Non, je n'en ai pas.

Do you like the heat?
Aimez-vous la chaleur?

No, I do not like it.
Non, je ne l'aime pas.

Are you going to the seaside in summer?
Allez-vous au bord de la mer en été?

No, I am not going there.
Non, je n'y vais pas.

Do you have a car?
Avez-vous une auto?

No, I do not have one.
Non, je n'en ai pas.

Do you need the car?
Avez-vous besoin de l'auto?

Do you have need of a car?
Avez-vous besoin de l'auto?

No, I do not need one.
Non, je n'en ai pas besoin.

Do the children bother you?
Les enfants vous dérangent-ils?

No, they do not bother me.
Non, ils ne me dérangent pas.

Does it often rain in the south of France?
Pleut-il souvent dans le Midi?

No, it does not often rain there.
Non, il n'y pleut pas souvent.

Does it often snow in the south of France?
Neige-t-il souvent dans le Midi?

No, it does not often snow there.
Non, il n'y neige pas souvent.

Are you going to phone your friend?
Téléphonez-vous à votre ami?

No, I am not going to phone him.
Non, je ne lui téléphone pas.

Are you going to close the store?
Fermez-vous le magasin?

No, I am not going to close it.
Non, je ne le ferme pas.

Am I bothering you?
Est-ce que je vous dérange?

No, you are not disturbing me.
Non, vous ne me dérangez pas.

I am phoning them.
Je leur téléphone.

I am listening to them.
Je les écoute.

I am waking them up.
Je les réveille.

I obey them.
Je leur obéi.

I am looking for them.
Je les cherche.

I am looking at them.
Je les regarde.

I talk to them.
Je leur parle.

You have lunch there?
Vous y déjeunez?

I am leaving them.
Je les quitte.

You are looking for it?
Vous la cherchez?

You are going there?
Vous y allez?

You are listening to it?
Vous l'écoutez?

You are thinking about it?
Vous y pensez?

You need some?
Vous en avez besoin?

You work there?
Vous y travaillez?

You are finishing it?
Vous la finissez?

I am thanking them.
Je les remercie.

You are doing it?
Vous la faites?

He loves the heat.
Il aime la chaleur.

They love the heat.
Ils aiment la chaleur.

It grows very quickly.
Il grossit très vite.

They grow very quickly.
Ils grossissent très vite.

He has lunch at one o'clock.
Il déjeune à une heure.

They have lunch at one o'clock.
Ils déjeunent à une heure.

He is in Paris.
Il est à Paris.

They are in Paris.
Ils sont à Paris.

He is listening to the speech.
Il écoute le discours.

They are listening to the speech.
Ils écoutent le discours.

He rents the second floor.
Il loue le deuxième étage.

They rent the second floor.
Ils louent le deuxième étage.

He goes in the south of France.
Il va dans le Midi.

They go in the south of France.
Ils vont dans le Midi.

He is thanking the manager.
Il remercie le gérant.

They are thanking the manager.
Ils remercient le gérant.

He is slowing down because it is raining.
Il ralentit parce qu'il pleut.

They are slowing down because it is raining.
Ils ralentissent parce qu'il pleut.

He lands in Paris.
Il atterrit à Paris.

They land in Paris.
Ils atterrissent à Paris.

He knows something.
Il sait quelque chose.

They know something.
Ils savent quelque chose.

He has the tickets.
Il a les billets.

They have the tickets.
Ils ont les billets.

He wants the tickets.
Il veut les billets.

They want the tickets.
Ils veulent les billets.

He often exaggerates.
Il exagère souvent.

They often exaggerate.
Ils exagèrent souvent.

He can stay.
Il peut rester.

They can stay.
Ils peuvent rester.

He is trying something.
Il essaie quelque chose.

They are trying something.
Ils essaient quelque chose.

It is fine.
Il fait beau.

He has the tickets.
Il a les billets.

The people are there.
Il y a du monde.

It often rains.
Il pleut souvent.

He makes good business.
Il fait de bonnes affaires.

He is afraid of the manager.
Il a peur du gérant.

He is finishing the letter.
Il finit la lettre.

It freezes in winter.
Il gèle en hiver.

It gets cold.
Il fait froid.

It remains in place.
Il reste une place.

There is a seat.
Il reste une place.

It is there.
Il y est.

It rains there.
Il y pleut.

One must leave early.
Il faut partir plus tôt.

He has it.
Il l'a.

They have it.
Ils l'ont.

He wants some.
Il en veut.

They want some.
Ils en veulent.

He is going there.
Il y va.

They are going there.
Ils y vont.

He is making it.
Il le fait.

They are making them.
Ils le font.

He knows it.
Il le sait.

They know it.
Ils le savent.

He is buying some.
Il en achète.

They are buying some.
Ils en achètent.

He praises her.
Il la loue.

They praise her.
Ils la louent.

It stays there.
Il y reste.

They stay there.
Ils y restent.

He listens to them.
Il les écoute.

They listen to them.
Ils les écoutent.

He obeys them.
Il leur obéit.

They obey them.
Ils leur obéissent.

He thinks it.
Il y pense.

They think it.
Ils y pensent.

He fills it.
Il le remplit.

They fill it.
Ils le remplissent.

He is afraid.
Il en a peur.

They are afraid.
Ils en ont peur.

He is bringing some.
Il en apporte.

They are bringing some.
Ils en apportent.

It is there.
Il y est.

It is not there.
Il n'y est pas.

They are there.
Ils y sont.

They are not there.
Ils n'y sont pas.

They go there.
Elles y vont.

They do not go there.
Elles n'y vont pas.

They make some.
Elles en font.

They do not make any.
Elles n'en font pas.

She goes there.
Elle y va.

She does not go there.
Elle n'y va pas.

He wants them.
Il les veut.

He does not want them.
Il ne les veut pas.

She accepts them.
Elle les accepte.

She does not accept them.
Elle ne les accepte pas.

You are disturbing me.
Vous me dérangez.

You do not disturbing me.
Vous ne me dérangez pas.

I am sending it.
Je l'envoie.

I am not sending it.
Je ne l'envoie pas.

They are sending some.
Elles en envoient.

They are not sending any.
Elles n'en envoient pas.

We repair them.
Nous les réparons.

We do not repair them.
Nous ne les réparons pas.

We sell some.
Nous en vendons.

We do not sell any.
Nous n'en vendons pas.

I like it.
Je l'aime.

I do not like it.
Je ne l'aime pas.

I am bringing some.
J'en apporte.

I am not bringing any.
Je n'en apporte pas.

I know them.
Je les sais.

I do not know them.
Je ne les sais pas.

I am trying them.
Je les essaie.

I am not trying them.
Je ne les essaie pas.

If you do not want to buy the car, do not buy it.
Si vous ne voulez pas acheter l'auto, ne l'achetez pas.

If you do not want to ask for the number, do not ask for it.
Si vous ne voulez pas demander le numéro, ne le demandez pas.

If you want to buy the car, buy it.
Si vous voulez acheter l'auto, achetez-la.

If you want to call your friend, call him.
Si vous voulez téléphoner à votre ami, téléphonez-lui.

If you want to try on the suit, try it on.
Si vous voulez essayer le costume, essayez-le.

If you want to call me, call me.
Si vous voulez me téléphoner, téléphonez-moi.

If you want to go fast, do it.
Si vous voulez faire de la vitesse, faites-en.

If you do not want to talk about your affairs, do not talk about them.
Si vous ne voulez pas parler de vos affaires, n'en parlez pas.

If you want to thank your friends, thank them.
Si vous voulez remercier vos amis, remerciez-les.

If you do not want to go to the south of France, do not go there.
Si vous ne voulez pas aller dans le Midi, n'y allez pas.

Narrative:
Narrative:

Do you know Mr Perrier?
Connaissez-vous Monsieur Perrier?

No? Well! I will introduce him to you.
Non? Eh bien! Je vais vous le présenter.

He is tall, thin, and always well dressed.
Il est grand, maigre, toujours bien habillé.

What does he do?
Ce qu'il fait?

Business, and that is all.
Des affaires et c'est tout.

He has a lovely wife and three children — a son and two daughters —; but he does not often see them: he has too much work to do.
Il a une femme charmante, trois enfants, un fils et deux filles, mais qu'il ne voit pas souvent, il a trop de travail:

He is a Parisian; he lives in a very nice area near the Parc des Princes, but he travels a lot — for business of course —, and always by plane.
Parisien, il habite un très joli quartier près du Parc des Princes, mais voyage beaucoup, pour affaires naturellement, et toujours par avion.

He is in such a hurry!
Il est si pressé!

Of course, he could have lunch or dinner with friends, but no, there are clients — there are always customers that he must not miss.
Bien entendu, il pourrait déjeuner ou dîner avec des amis, mais non, il y a les clients, toujours les clients qu'il ne faut pas manquer.

He could also take a vacation — go to the south of France, where he has a large villa —, but no, he never has the time. Mrs Perrier and the children go there alone.
Il pourrait aussi prendre des vacances, aller dans le Midi où il a une grande villa, mais non, il n'a jamais le temps. Madame Perrier et les enfants y vont tout seuls.

Business is business.
Les affaires sont les affaires.

Mr Perrier has read a lot, perhaps, but what?
Monsieur Perrier a beaucoup lu, peut-être, mais quoi?

The last speech of the president?
Le dernier discours du Président?

The sports section?
La rubrique sportive?

About some accidents?
Celle des accidents?

Nothing more.
Rien de plus.

76

He is too rushed.
Il est trop pressé.

Mr Perrier could be happy, but he does not have the time.
Monsieur Perrier pourrait être heureux, il n'en a pas le temps.

Poor Mr Perrier!
Pauvre Monsieur Perrier!

Sentences:
Phrases:

Are they talking about their book?
Parlent-ils de leur livre?

Are you going to Paris soon?
Est-ce que vous allez bientôt à Paris?

Are we going to New York for the weekend?
Allons-nous à New York pendant le weekend?

Does one give a response to the manager?
Répond-on au gérant?

Is he going to phone Janine tonight?
Téléphone-t-il à Janine ce soir?

Is your luggage on the first floor?
Vos bagages sont-ils au premier étage?

Is everyone in town?
Y a-t-il du monde en ville?

Don't you think about your departure?
Ne pensez-vous pas à votre départ?

Don't you talk to the employees on Mondays?
Ne parlez-vous pas aux employés le lundi?

Do we ask for the change?
Demandons-nous de la monnaie?

Do you know this American author?
Est-ce que vous connaissez cet auteur américain?

Do you know this Russian author?
Est-ce que vous connaissez cet auteur russe?

Do you know this Chinese author?
Est-ce que vous connaissez cet auteur chinois?

Take the knives.
Emportez les couteaux.

Take the forks.
Emportez les fourchettes.

Bring the spoons.
Emportez les cuillères.

Take the plates.
Emportez les assiettes.

Take the glasses.
Emportez les verres.

Bring the towels.
Emportez les serviettes.

I am trying to cut a piece of cheese.
Je suis en train de couper un morceau de fromage.

I am trying to cut a slice of bread.
Je suis en train de couper une tranche de pain.

I am trimming the pages of the book.
Je suis en train de couper les pages du livre.

I am trying to cut some flowers from the garden.
Je suis en train de couper les fleurs du jardin.

I am trying to cut off the end of the cigar.
Je suis en train de couper le bout du cigare.

I am trying to live.
Je suis en train de vivre.

I am trying to say something.
Je suis en train de dire quelque chose.

I am trying to go up.
Je suis en train de monter.

I am trying to prepare dinner.
Je suis en train de préparer le dîner.

I am trying to talk about what happened.
Je suis en train de parler de ce qui s'est passé.

I am trying to do it.
Je suis en train de le faire.

I am trying to pack my bags.
Je suis en train de faire mes bagages.

I am trying to do something with my life.
Je suis en train de faire quelque chose avec ma vie.

I have to do something with my life.
Je dois faire quelque chose de ma vie.

I am trying to do an analysis of the situation.
Je suis en train de faire une analyse de la situation.

I am trying to look at the report.
Je suis en train de regarder le rapport.

I am trying to look at myself.
Je suis en train de me regarder.

I am trying to look at the movie.
Je suis en train de regarder le film.

I am trying to look at the picture.
Je suis en train de regarder l'image.

I am trying to read.
Je suis en train de lire.

I am trying to read an article.
Je suis en train de lire un article.

I am trying to read an article in French.
Je suis en train de lire un article en français.

I am trying to read an article in English.
Je suis en train de lire un article en anglais.

I am trying to read a book in French.
Je suis en train de lire un livre en français.

I am currently reading a French book.
Je suis en train de lire un livre français.

I am currently reading some English books.
Je suis en train de lire des livres anglais.

I am currently reading.
Je suis en train de lire.

I am currently writing.
Je suis en train d'écrire.

I am currently writing a French book.
Je suis en train d'écrire un livre français.

I am currently writing a book in French.
Je suis en train d'écrire un livre en français.

I am trying to write a book.
Je suis en train d'écrire un livre.

I am currently translating this book into French.
Je suis en train de traduire ce livre en français.

I am trying to create my online shop.
Je suis en train de créer ma boutique en ligne.

I am currently creating an online shop.
Je suis en train de créer une boutique en ligne.

I am trying to create my website.
Je suis en train de créer mon site web.

I am trying to take a different direction.
Je suis en train de prendre une direction différente.

I am trying to build a house.
Je suis en train de construire une maison.

I am very hungry.
Je suis très faim.

I am very hungry.
J'ai très faim.

I experience excess hunger.
J'ai très faim.

I am hungry.
J'ai faim.

I am afraid.
J'ai peur.

I am scared.
J'ai peur.

I am cold.
J'ai froid.

I am hot.
J'ai chaud.

I am thirsty.
J'ai soif.

You are right.
Vous avez raison.

You are wrong.
Vous avez tort.

Are you hungry?
Avez-vous faim?

Are you thirsty?
Avez-vous soif?

I do not drink.
Je ne bois pas.

I do not drink alcohol.
Je ne bois pas d'alcool.

I do not drink red wine.
Je ne bois pas de vin rouge.

I do not drink carrot juice.
Je ne bois pas de jus de carotte.

I don't drink now.
Je ne bois pas maintenant.

I never drink.
Je ne bois jamais.

I do not drink anything.
Je ne bois rien.

I do not drink anymore.
Je ne bois plus.

I never drink anything.
Je ne bois jamais rien.

I do not drink anything.
Je ne bois plus rien.

I never drink anymore.
Je ne bois jamais plus.

I never drink anything anymore.
Je ne bois jamais plus rien.

I am very hungry after having walked so much.
J'ai très faim après avoir tant marché.

I am very hungry after having walked for a long time.
Je suis très faim après avoir marché longtemps.

He is very hungry after so much walking.
Il a très faim après avoir tant marché.

They are very hungry after having walked a lot.
Ils ont très faim après avoir tant marché.

We are very hungry after so much walking.
Nous avons très faim après avoir tant marche.

She is very hungry after so much wandering.
Elle a très faim après avoir tant marché.

One is very hungry after having walked so much.
On a très faim après avoir tant marché.

They are very hungry after so much wandering.
Elles ont très faim après avoir tant marché.

Are there no restaurants in this area?
N'y a-t-il pas de restaurants dans ce quartier?

Are there no shops in this neighbourhood?
N'y a-t-il pas de magasins dans ce quartier?

Are there no hotels in this quarter?
N'y a-t-il pas d'hôtels dans ce quartier?

Are there no jewellers in this district?
N'y a-t-il pas de bijouteries dans ce quartier?

Are there no grocery stores in this suburb?
N'y a-t-il pas d'épiceries dans ce quartier?

Are there no cafes in this area?
N'y a-t-il pas de cafés dans ce quartier?

Are there no taxis in this neighbourhood?
N'y a-t-il pas de taxis dans ce quartier?

Are there no pharmacies in this neighbourhood?
N'y a-t-il pas de pharmacies dans ce quartier?

Are there no shoemakers in this neighbourhood?
N'y a-t-il pas de cordonniers dans ce quartier?

There is one on the corner (of the street).
Il y en a un au coin de la rue.

There is one next to the butcher shop.
Il y en a un à côté de la boucherie.

There is one beside the pharmacy.
Il y en a un près de la pharmacie.

There is one across from the hotel.
Il y en a un en face de l'hôtel.

There is one next to the store.
Il y en a un à côté du magasin.

There is one opposite the grocery store.
Il y en a un en face de l'épicerie.

There is one beside the cafe.
Il y en a un près du café.

He does not look bad.
Il n'a pas l'air mal.

He did not seem in a hurry.
Il n'a pas l'air pressé.

He does not look athletic.
Il n'a pas l'air sportif.

He does not look well.
Il n'a pas l'air bien.

He does not look easy-going.
Il n'a pas l'air facile.

He does not look good.
Il n'a pas l'air bon.

He did not seem satisfied.
Il n'a pas l'air satisfait.

I never drink anything.
Je ne bois jamais rien.

I never say anything.
Je ne dis jamais rien.

I do not know anything.
Je ne sais jamais rien.

I never do anything.
Je ne fais jamais rien.

I never find anything.
Je ne trouve jamais rien.

I never buy anything.
Je n'achète jamais rien.

I never send anything.
Je n'envoie jamais rien.

I never forget anything.
Je n'oublie jamais rien.

I never take anything.
Je ne prends jamais rien.

I never finish anything.
Je ne finis jamais rien.

I never bring anything.
Je n'apporte jamais rien.

I never drink anything before meals.
Je ne bois jamais rien avant les repas.

He never drinks anything before meals.
Il ne boit jamais rien avant les repas.

She never takes anything before meals.
Elle ne prend jamais rien avant les repas.

I never take anything before meals.
Je ne prends jamais rien avant les repas.

She never drinks anything before meals.
Elle ne boit jamais rien avant les repas.

You never take anything before meals.
On ne prend jamais rien avant les repas.

I never want anything before meals.
Je ne veux jamais rien avant les repas.

She never wants anything before meals.
Elle ne veut jamais rien avant les repas.

He never takes anything before meals.
Il ne prend jamais rien avant les repas.

What are you going to start with?
Par quoi allez-vous commencer?

Where do you want to begin?
Par quoi voulez-vous commencer?

What are they going to start with?
Par quoi vont-ils commencer?

Where do you intend to commence?
Par quoi comptez-vous commencer?

What do we need to start with?
Par quoi faut-il commencer?

Where do we need to begin?
Par quoi faut-il commencer?

How do you envisage starting?
Par quoi pensez-vous commencer?

What should he start with?
Par quoi doit-il commencer?

What does she consider starting with?
Par quoi pense-t-elle commencer?

Where do you want to begin?
Par quoi désirez-vous commencer?

Where do you hope to start?
Par quoi espérez-vous commencer?

Where are you thinking you will start?
Par quoi pense-t-on commencer?

Where did you start?
Par quoi avez-vous commencé?

It is not far from the building.
Il n'est pas loin de l'immeuble.

It is not far from the station.
Il n'est pas loin de la gare.

It is not far from the hotel.
Il n'est pas loin de l'hôtel.

It is not far from your place.
Il n'est pas loin de chez-vous.

It is not far from the office.
Il n'est pas loin du bureau.

It is not far from your neighbourhood.
Il n'est pas loin de votre quartier.

It is not far from the restaurant.
Il n'est pas loin du restaurant.

It is not far from the city.
Il n'est pas loin de la ville.

It is not far from the sea.
Il n'est pas loin du bord de la mer.

It is not far from midnight.
Il n'est pas loin de minuit.

They are not far from the goal.
Ils ne sont pas loin du but.

It is not far from us.
Il n'est pas loin de nous.

He is not far away.
Il n'est pas loin.

She is not far away.
Elle n'est pas loin.

Germany is not far.
L'Allemagne n'est pas loin.

I was not far from France.
Je n'étais pas loin de la France.

I was not far from my family.
Je n'étais pas loin de ma famille.

I will not be far from you.
Je ne serai pas loin de vous.

You will not be far from me.
Vous ne serez pas loin de moi.

She will be far away from us.
Elle sera loin de nous.

Chapter VI
Chapitre VI

I believe that there is one on the corner (of the street).

Je crois qu'il y en a un au coin de la rue.

He thinks there is one on the corner.

Il croit qu'il y en a un au coin de la rue.

She is certain that there is one on the corner.

Elle est sûre qu'il y en a un au coin de la rue.

I am confident there is one on the corner.

Je suis sûr qu'il y en a un au coin de la rue.

We are sure there is one on the corner.

Nous sommes sûrs qu'il y en a un au coin de la rue.

I hope there is one on the corner.

J'espère qu'il y en a un au coin de la rue.

She believes there is one on the corner.

Elle croit qu'il y en a un au coin de la rue.

We hope there is one on the corner.

Nous espérons qu'il y en a un au coin de la rue.

I know there is one on the corner.

Je sais qu'il y en a un au coin de la rue.

Will you take a drink?

Prenez-vous un apéritif?

Will he take a drink?

Prend-il un apéritif?

Do you want a drink?

Voulez-vous un apéritif?

Do they want a drink?

Veulent-elles un apéritif?

Does she want a drink?

Veut-elle un apéritif?

Would you like a drink?

Désirez-vous un apéritif?

Does he want a drink?

Désire-t-il un apéritif?

Will they have a drink?

Ont-ils un apéritif?

Is there a drink leftover?

Reste-t-il un apéritif?

Does she require a drink?

Demande-t-elle un apéritif?

I guess I will have a little pâté.

Je prendrais bien un peu de pâté.

I suppose I will have an appetizer.

Je prendrais bien un apéritif.

I guess I will have a carafe of red wine.

Je prendrais bien une carafe de vin rouge.

I suppose I will have some potato chips.

Je prendrais bien des pommes de terre frites.

I suppose I will have a Dubonnet.

Je prendrais bien un Dubonnet.

I guess I will have a piece of cheese.

Je prendrais bien un morceau de fromage.

I guess I will have a slice of mutton.

Je prendrais bien une tranche de gigot.

I guess I will have a glass of white wine.

Je prendrais bien un verre de vin blanc.

I would take a little of your time.

Je prendrais un peu de votre temps.

I would take the matter a little further.

Je prendrais la question un peu plus loin.

I would take an example.

Je prendrais un exemple.

I would take a risk.
Je prendrais un risque.

I would take the risk.
Je voudrais prendre le risque.

I would take a little time.
Je prendrais un peu de temps.

I would take a recent example.
Je voudrais prendre un exemple récent.

Have you chosen your dessert?
Avez-vous choisi votre dessert?

Did you choose the date?
Avez-vous choisi la date?

Have you chosen your wine?
Avez-vous choisi votre vin?

Did you choose this costume?
Avez-vous choisi ce costume?

Did you choose these cakes?
Avez-vous choisi ces gâteaux?

Have you chosen anything else?
Avez-vous choisi autre chose?

Did you choose something else?
Avez-vous choisi quelque chose?

Not yet, we will see later.
Pas encore, nous verrons plus tard.

Not yet, we will see tomorrow.
Pas encore, nous verrons demain.

Not yet, we will see next week.
Pas encore, nous verrons la semaine prochaine.

Not yet, we will see in a month.
Pas encore, nous verrons dans un mois.

Not yet, we will see in a few days.
Pas encore, nous verrons dans quelques jours.

Not yet, we will see tonight.
Pas encore, nous verrons ce soir.

Not yet, we will see tomorrow morning.
Pas encore, nous verrons demain matin.

Not yet, we will see in a few minutes.
Pas encore, nous verrons dans quelques minutes.

Not yet, we will see this afternoon.
Pas encore, nous verrons cet après-midi.

Also bring the bill, please.
Apportez aussi l'addition, s'il vous plaît.

Also bring a serviette, please.
Apportez aussi une serviette, s'il vous plaît.

Also bring the newspapers, please.
Apportez aussi les journaux, s'il vous plaît.

Also bring some matches, please.
Apportez aussi des allumettes, s'il vous plaît.

Also bring the vegetables, please.
Apportez aussi les légumes, s'il vous plaît.

Also bring some aspirin, please.
Apportez aussi de l'aspirine, s'il vous plaît.

Also bring another drink, please.
Apportez aussi un autre apéritif, s'il vous plaît.

Also bring a plate, please.
Apportez aussi une assiette, s'il vous plaît.

I have forgotten the tip.
J'ai oublié le pourboire.

I have forgotten the date.
J'ai oublié la date.

I have forgotten the name.
J'ai oublié le nom.

I have forgotten my appointment.
J'ai oublié mon rendez-vous.

I have forgotten the number.
J'ai oublié le numéro.

I have forgotten my letter.
J'ai oublié ma lettre.

I have forgotten my clients.
J'ai oublié mes clients.

I have forgotten your cigarettes.
J'ai oublié vos cigarettes.

I have forgotten my username.
J'ai oublié mon nom d'utilisateur.

I have forgotten my username and password.
J'ai oublié mon nom d'utilisateur et mot de passe.

I have already forgotten the first question.
J'ai déjà oublié la première question.

She has already forgotten the question.
Elle a déjà oublié la question.

He has already forgotten my name.
Il a déjà oublié mon nom.

They have forgotten their password.
Ils ont oublié leur mot de passe.

What do we leave?
Qu'est-ce qu'on laisse?

What do we do?
Qu'est-ce qu'on fait?

What does one say?
Qu'est-ce qu'on dit?

What do we want?
Qu'est-ce qu'on veut?

What are we listening to?
Qu'est-ce qu'on écoute?

What are we talking about?
Qu'est-ce qu'on parle?

What do you think?
Qu'est-ce qu'on pense?

What do we choose?
Qu'est-ce qu'on choisit?

What does one risk?
Qu'est-ce qu'on risque?

What are we drinking?
Qu'est-ce qu'on boit?

What do we take?
Qu'est-ce qu'on prend?

What do we have?
Qu'est-ce qu'on a?

What do they like?
Qu'est-ce qu'ils aiment?

What will she accept?
Qu'est-ce qu'elle accepte?

What is he asking?
Qu'est-ce qu'il demande?

What is she hoping for?
Qu'est-ce qu'elle espère?

What are they saying?
Qu'est-ce qu'ils disent?

What are they doing?
Qu'est-ce qu'ils font?

What does he want?
Qu'est-ce qu'il veut?

What do they know?
Qu'est-ce qu'elles savent?

What is he risking?
Qu'est-ce qu'il risque?

What are they bringing?
Qu'est-ce qu'elles apportent?

No more than one year.
Pas plus d'un an.

No more than a month.
Pas plus d'un mois.

No more than fifteen days.
Pas plus de quinze jours.

No more than a week.
Pas plus d'une semaine.

No more than ten days.
Pas plus de dix jours.

No more than one euro.
Pas plus d'un euro.

Not more than one hour.
Pas plus d'une heure.

No more than fifty centimetres.
Pas plus de cinquante centimètres.

No more than two or three flowers.
Pas plus de deux ou trois fleurs.

No more than seven or eight apples.
Pas plus de sept ou huit pommes.

No more than five percent of the population.
Pas plus de cinq pour cent de la population.

I am hungry.
J'ai faim.

Roger is hungry.
Roger a faim.

Roger is right.
Roger a raison.

You are right.
Vous avez-raison.

You are cold.
Vous avez froid.

We are cold.
Nous avons froid.

We are afraid.
Nous avons peur.

She is afraid.
Elle a peur.

She is hot.
Elle a chaud.

They are hot.
Ils ont chaud.

They are hungry.
Ils ont faim.

I know there is one on the corner.
Je sais qu'il y en a un au coin de la rue.

I know there is one near your place.
Je sais qu'il y en a un près de chez vous.

We know that there is one near your place.
Nous savons qu'il y en a un près de chez vous.

We know that there is one beside the building.
Nous savons qu'il y en a un à côté de l'immeuble.

I hope there is one next to the building.
J'espère qu'il y en a un à côté de l'immeuble.

I hope there is one across from the hotel.
J'espère qu'il y en a un en face de l'hôtel.

They are saying there is one in front of the hotel.
Ils disent qu'il y en a un en face de l'hôtel.

They say there is one on the corner.
Ils disent qu'il y en a un au coin de la rue.

I guess we will wait on the corner.
Je crois qu'on nous attend au coin de la rue.

I guess we will wait in front of the station.
Je crois qu'on nous attend en face de la gare.

I hope that they will wait for us in front of the station.
J'espère qu'on nous attend en face de la gare.

I hope that we will see them in front of the station.
J'espère que nous les verrons en face de la gare.

I hope that we will see them on the station platform.
J'espère que nous les verrons sur le quai de la gare.

I know that we will see them on the station platform.
Je sais que nous les verrons sur le quai de la gare.

I know she is waiting for me on the station platform.
Je sais qu'elle m'attend sur le quai de la gare.

I know she is waiting for me on the street corner.
Je sais qu'elle m'attend au coin de la rue.

I think she is waiting for me on the street corner.
Je crois qu'elle m'attend au coin de la rue.

What will you start with?
Par quoi allez-vous commencer?

How are you going to start?
Comment allez-vous commencer?

How do you want to start?
Comment voulez-vous commencer?

How do you want to leave?
Comment voulez-vous partir?

Why do you want to go?
Pourquoi voulez-vous partir?

Why should you go?
Pourquoi devez-vous partir?

Why should you go back?
Pourquoi devez-vous rentrer?

What time should you go back?
A quelle heure devez-vous rentrer?

What time are you returning?
A quelle heure allez-vous rentrer?

What time are you going to commence?
A quelle heure allez-vous commencer?

I guess I will have a little pâté.
Je prendrais bien un peu de pâté.

I suppose I will have a slice of mutton.
Je prendrais bien une tranche de gigot.

She would like a slice of mutton.
Elle aimerait bien une tranche de gigot.

She would like a piece of cheese.
Elle aimerait bien un morceau de fromage.

Why not have a piece of cheese.
Vous prendriez bien un morceau de fromage.

Why not have a glass of white wine.
Vous prendriez bien un verre de vin blanc.

I would like a glass of white wine.
J'aimerais bien un verre de vin blanc.

I would like some pâté.
J'aimerais bien un peu de pâté.

Will you take a drink?
Prenez-vous un apéritif?

Would you like a drink?
Désirez-vous un apéritif?

Do you want an hors-d'œuvre?
Désirez-vous un hors-d'œuvre?

Do you want an hors-d'œuvre?
Voulez-vous un hors-d'œuvre?

Do you want some red wine?
Voulez-vous du vin rouge?

Will you have some red wine?
Avez-vous du vin rouge?

Will you have some Dubonnet?
Avez-vous du Dubonnet?

Is there some Dubonnet left?
Reste-t-il du Dubonnet?

Are there some fries left?
Reste-t-il des frites?

Much remains to be done.
Il reste beaucoup à faire.

Much still remains to be done.
Il reste encore beaucoup à faire.

What remains to be done?
Ce qui reste à faire?

Do you take fries?
Prenez-vous des frites?

What medications do you take?
Quels médicaments prenez-vous?

It is not far from us.
Il n'est pas loin de nous.

It is not far from view.
Il n'est pas loin de la vue.

It is not far from my heart.
Il n'est pas loin de mon cœur.

It is not far from my mind.
Il n'est pas loin de mon esprit.

It is not far from the building.
Il n'est pas loin de l'immeuble.

It is across from the building.
C'est en face de l'immeuble.

It is opposite the hotel.
C'est en face de l'hôtel.

It is five minutes from the hotel.
C'est à cinq minutes de l'hôtel.

It is five minutes from the post office.
C'est à cinq minutes de la poste.

It is next to the post office.
Il est à côté de la poste.

It is next to the villa.
Il est à côté de la villa.

It is not far from the villa.
Ce n'est pas loin de la villa.

It is not far from the coast.
Ce n'est pas loin du bord de la mer.

It is a quarter of an hour from the coast.
C'est à un quart d'heure du bord de la mer.

It is a quarter of an hour from the building.
C'est à un quart d'heure de l'immeuble.

Are there no restaurants in this area?
N'y a-t-il pas de restaurants dans ce quartier?

Are there no cafes in this neighbourhood?
N'y a-t-il pas de cafés dans ce quartier?

Don't you know of any cafes in this area?
Ne connaissez-vous pas de cafés dans ce quartier?

Do not you know of any cafes in this street?
Ne connaissez-vous pas de cafés dans cette rue?

Do not you know of any grocery stores in this street?
Ne connaissez-vous pas d'épiceries dans cette rue?

Does not one find any grocery stores in this street?
Ne trouve-t-on pas d'épiceries dans cette rue?

Does not one find a grocery store in this town?
Ne trouve-t-on pas d'épiceries dans cette ville?

Does not one find stores in this city?
Ne trouve-t-on pas de magasins dans cette ville?

Are there no shops in this place?
N'y a-t-il pas de magasins dans cette ville?

Are there no shops in this district?
N'y a-t-il pas de magasins dans ce quartier?

Is Mr Léger hungry?
Monsieur Léger a-t-il faim?

Yes, he is very hungry.
Oui, il a très faim.

Is he hungry after work?
A-t-il faim après avoir travaillé?

No, he is hungry after having walked.
Non, il a faim après avoir marché.

What is he looking for?
Que cherche-t-il?

He is looking for a restaurant.
Il cherche un restaurant.

Is Mr Leger alone?
Monsieur Léger est-il seul?

No, he is with Mr Houdain.
Non, il est avec Monsieur Houdain.

Do they know that there is a restaurant on the corner of the street?
Savent-ils qu'il y a un restaurant au coin de la rue?

Yes, they know.
Oui, ils le savent.

Is the restaurant far from the building?
Le restaurant est-il loin de l'immeuble?

No, it is not far from the building.
Non, il n'est pas loin de l'immeuble.

How is it?
Comment est-il?

What is it like?
Comment est-il?

It does not look bad.
Il n'a pas l'air mal.

Are the two friends going to choose a large table?
Les deux amis choisissent-ils une grande table?

No, a table for two.
Non, une table pour deux.

How many Dubonnets is the waiter bringing?
Combien de Dubonnets le garçon apporte-t-il?

He is bringing one Dubonnet.
Il apporte un Dubonnet.

Does Mr Houdain drink before meals?
Monsieur Houdain boit-il avant les repas?

No, he never drinks anything before meals.
Non, il ne boit jamais rien avant les repas.

What does Mr Houdain take with the chateaubriand steak?
Avec quoi Monsieur Houdain prend-il le châteaubriand?

He has it with fried potatoes.
Il le prend avec des pommes de terre frites.

What is Mr Léger having?
Que prend Monsieur Léger?

He is having lamb with beans.
Il prend du gigot avec des haricots.

Are they going to choose their dessert?
Choisissent-ils leur dessert?

No, they are going to choose it later.
Non, ils vont choisir plus tard.

What are they going to drink?
Que vont-ils boire?

They want some red wine.
Ils veulent du vin rouge.

Does one take red wine after dinner?
Prend-on le vin rouge après le repas?

No, one takes it during the meal.
Non, on le prend pendant le repas.

Is Dubonnet an hors-d'œuvre?
Le Dubonnet est-il un hors-d'œuvre?

No, it is a wine appetizer.
Non, c'est un apéritif.

Do they leave a large tip?
Laissent-ils beaucoup de pourboire?

No, they do not leave much of a tip.
Non, ils ne laissent pas beaucoup de pourboire.

Why don't they leave more than an Euro?
Pourquoi ne laissent-ils pas plus d'un euro?

Because the service is included.
Parce que le service est compris.

Does one leave something for the waiter?
Laisse-t-on quelque chose au garçon?

Yes, one leaves him a tip.
Oui, on lui laisse un pourboire.

What is there in a packet of Gauloises?
Qu'est-ce qu'il y a dans un paquet de Gauloises?

There are cigarettes.
Il y a des cigarettes.

This road is more scenic than the other one.
Cette route est plus jolie que l'autre.

The white shirt is more expensive than the blue one.
La chemise blanche est plus chère que la bleue.

He speaks more slowly than me.
Il parle plus lentement que moi.

It was less cold than the year before.
Il a fait moins froid que l'année dernière.

I phone less often than him.
Je téléphone moins souvent que lui.

As short as usual?
Aussi courts que d'habitude?

It costs as much as the other one.
Elle coûte aussi cher que l'autre.

The most beautiful room.
La plus jolie chambre.

The most beautiful room.
La chambre la plus jolie.

The shortest days are in winter.
Les jours les plus courts sont en hiver.

Here is the least expensive dress.
Voici la robe la moins chère.

This car is more expensive than the other one.
Cette auto est plus chère que l'autre.

This car is larger than the other one.
Cette auto est plus grande que l'autre.

This car is smaller than the other one.
Cette auto est plus petite que l'autre.

This car is nicer than the other one.
Cette auto est plus jolie que l'autre.

This car is fancier than the other one.
Cette auto est plus belle que l'autre.

This car is older than the other one.
Cette auto est plus vieille que l'autre.

This car is brighter than the other one.
Cette auto est plus claire que l'autre.

This car is longer than the other one.
Cette auto est plus longue que l'autre.

Here, it is less unpleasant than in Paris.
Ici, il fait moins mauvais qu'à Paris.

Here, it is less hot than in Paris.
Ici, il fait moins chaud qu'à Paris.

Here, it is less cold than in Paris.
Ici, il fait moins froid qu'à Paris.

Here, it is less humid than in Paris.
Ici, il fait moins humide qu'à Paris.

Here, it is less dry than in Paris.
Ici, il fait moins sec qu'à Paris.

Here, it is less beautiful than in Paris.
Ici, il fait moins beau qu'à Paris.

Here, it is less clear than in Paris.
Ici, il fait moins clair qu'à Paris.

Room twelve is as large as room fourteen.
La chambre douze est aussi grande que la chambre quatorze.

Room twelve is as nice as room fourteen.
La chambre douze est aussi jolie que la chambre quatorze.

Room twelve is as pleasant as room fourteen.
La chambre douze est aussi agréable que la chambre quatorze.

Room twelve is as expensive as room fourteen.
La chambre douze est aussi chère que la chambre quatorze.

Room twelve is as bright as room fourteen.
La chambre douze est aussi claire que la chambre quatorze.

Room twelve is as humid as room fourteen.
La chambre douze est aussi humide que la chambre quatorze.

Room twelve is as cold as room fourteen.
La chambre douze est aussi froide que la chambre quatorze.

This man is bigger than you.
Cet homme est plus grand que vous.

That man is as strong as you.
Cet homme est aussi fort que vous.

This man is smaller than you.
Cet homme est plus petit que vous.

That man is worse off than you.
Cet homme est moins bien que vous.

This man is older than you.
Cet homme est plus vieux que vous.

That man is larger than you.
Cet homme est plus gros que vous.

This man is as brown as you.
Cet homme est aussi brun que vous.

This car is not more expensive than the other one.
Cette auto n'est pas plus chère que l'autre.

This car is not as expensive as the other one.
Cette auto n'est pas aussi chère que l'autre.

This car is not cheaper than the other one.
Cette auto n'est pas moins chère que l'autre.

This car is not smaller than the other one.
Cette auto n'est pas plus petite que l'autre.

This car is not longer than the other one.
Cette auto n'est pas plus longue que l'autre.

This car is not as long as the other one.
Cette auto n'est pas aussi longue que l'autre.

This car is not as big as the other one.
Cette auto n'est pas aussi grande que l'autre.

This car is not as good as the other one.
Cette auto n'est pas aussi bonne que l'autre.

Are they bigger than the other ones?
Sont-ils plus grands que les autres?

Are they as good as the other ones?
Sont-ils aussi bons que les autres?

Are they less strong than the others?
Sont-ils moins forts que les autres?

Are they smaller than the other ones?
Sont-ils plus petits que les autres?

Are they shorter than the others?
Sont-ils aussi courts que les autres?

Are they less expensive than the other ones?
Sont-ils moins chers que les autres?

Are they more beautiful than the others?
Sont-ils plus beaux que les autres?

Are they as old as the other ones?
Sont-ils aussi vieux que les autres?

Are they less fresh than the other ones?
Sont-ils moins frais que les autres?

Are they worse than the others?
Sont-ils plus mauvais que les autres?

Are they as long as the other ones?
Sont-ils aussi longs que les autres?

Are they as big as the other ones?
Sont-ils aussi grands que les autres?

There is the prettiest room.
Voilà la plus jolie chambre.

This is the prettiest room.
Voilà la plus jolie chambre.

This is the largest bag.
Voilà la plus grande valise.

These are the smallest shoes.
Voilà les plus petites chaussures.

This is the least appealing store.
Voilà le moins beau magasin.

This is the biggest book.
Voilà le plus gros livre.

This is the least beautiful region.
Voilà la moins belle région.

These are the smallest packages.
Voilà les moins gros paquets.

This is the nicest hotel.
Voilà le plus bel hôtel.

This is the most pleasant climate.
C'est le climat le plus agréable.

This is the most expensive bag.
C'est la valise la plus chère.

This is the shortest day.
C'est le jour le plus court.

This is the longest lesson.
C'est la leçon la plus longue.

This is the heaviest package.
C'est le paquet le plus lourd.

This is the most humid season.
C'est la saison la plus humide.

This is the driest region.
C'est la région la plus sèche.

This is the most expensive restaurant.
C'est le restaurant le plus cher.

This is the most slippery road.
C'est la route la plus glissante.

Is it well?
C'est bien?

No, worse than usual.
Non, moins bien que d'habitude.

Is it bad?
C'est mauvais?

No, not as bad as usual.
Non, moins mauvais que d'habitude.

Is it late?
Il est tard?

No not as late as usual.
Non, moins tard que d'habitude.

Is it expensive?
C'est cher?

No, less expensive than usual.
Non, moins cher que d'habitude.

Is it hot?
C'est chaud?

No, not as hot as usual.
Non, moins chaud que d'habitude.

Is it good?
C'est bon?

No, worse than usual.
Non, moins bon que d'habitude.

Is it far?
C'est loin?

No, not as far as usual.
Non, moins loin que d'habitude.

It is long?
C'est long?

No, not as long as usual.
Non, moins long que d'habitude.

Is it strong?
C'est fort?

No, not as strong as usual.
Non, moins fort que d'habitude.

You do not find that it gets cold here?
Vous ne trouvez pas qu'il fait froid ici?

Yes, it gets colder than in Paris.
Si, il fait plus froid qu'à Paris.

You do not find that it is very expensive here?
Vous ne trouvez pas que c'est très cher ici?

Yes, it is more expensive than in Paris.
Si, c'est plus cher qu'à Paris.

You do not find that it gets humid here?
Vous ne trouvez pas qu'il fait humide ici?

Yes, it gets more humid than in Paris.
Si, il fait plus humide qu'à Paris.

You do not find that it gets hot here?
Vous ne trouvez pas qu'il fait chaud ici?

Yes, it gets hotter than in Paris.
Si, il fait plus chaud qu'à Paris.

You do not find that the service is bad here?
Vous ne trouvez pas que le service est mauvais ici?

Yes, it is worse than in Paris.
Si, il est plus mauvais qu'à Paris.

You do not find that it gets very dry here?
Vous ne trouvez pas qu'il fait très sec ici?

Yes, it is drier than in Paris.
Si, il fait plus sec qu'à Paris.

You do not find that it gets bad here?
Vous ne trouvez pas qu'il fait mauvais ici?

Yes, it gets worse than in Paris.
Si, il fait plus mauvais qu'à Paris.

You do not find that the stores are small here?
Vous ne trouvez pas que les magasins sont petits ici?

Yes, they are smaller than in Paris.
Si, ils sont plus petits qu'à Paris.

Are they bigger than the other ones?
Sont-ils plus grands que les autres?

Are they as good as the others?
Sont-ils aussi bons que les autres?

Are they less strong than the other ones?
Sont-ils moins forts que les autres?

Are they smaller than the other ones?
Sont-ils plus petits que les autres?

Are they as short as the other ones?
Sont-ils aussi courts que les autres?

Are they less expensive than the other ones?
Sont-ils moins chers que les autres?

Are they more beautiful than the other ones?
Sont-ils plus beaux que les autres?

Are they as old as the other ones?
Sont-ils aussi vieux que les autres?

Are they less fresh than the other ones?
Sont-ils moins frais que les autres?

Are they worse than the other ones?
Sont-ils plus mauvais que les autres?

The new route is less beautiful than the old one.
La nouvelle route est moins belle que l'ancienne.

The old road is more beautiful than the new one.
L'ancienne route est plus belle que la nouvelle.

The red dress is less expensive than the green one.
La robe rouge est moins chère que la verte.

The green dress is more expensive than the red one.
La robe verte est plus chère que la rouge.

The grey coat is shorter than the black one.
Le manteau gris est moins long que le noir.

The black coat is longer than the grey one.
Le manteau noir est plus long que le gris.

Spring is less hot than summer.
Le printemps est moins chaud que l'été.

Summer is hotter than spring.
L'été est plus chaud que le printemps.

The white wine is less strong than the red one.
Le vin blanc est moins fort que le rouge.

The red wine is stronger than the white one.
Le vin rouge est plus fort que le blanc.

Lille is smaller than Paris.
Lille est moins grand que Paris.

Paris is bigger than Lille.
Paris est plus grand que Lille.

The yellow villa is less beautiful than the white one.
La villa jaune est moins belle que la blanche.

The white villa is more beautiful than the yellow one.
La villa blanche est plus belle que la jaune.

The green trunk is smaller than the grey one.
La malle verte est moins grosse que la grise.

The grey trunk is bigger than the green one.
La malle grise est plus grosse que la verte.

Is the month of February as long as the month of July?
Le mois de février est-il aussi long que le mois de juillet?

No, it is not as long as the month of July.
Non, il n'est pas aussi long que le mois de juillet.

Are French cars as big as American cars?
Les autos françaises sont-elles aussi grandes que les autos américaines?

No, they are not as big as American cars.
Non, elles ne sont pas aussi grandes que les autos américaines.

Is the train as expensive as the plane?
Le train est-il aussi cher que l'avion?

No, it is not as expensive as the airplane.
Non, il n'est pas aussi cher que l'avion.

Is autumn as cold as winter?
L'automne est-il aussi froid que l'hiver?

No, it is not as cold as winter.
Non, il n'est pas aussi froid que l'hiver.

Are Italians as big as Americans?
Les Italiens sont-ils aussi grands que les Américains?

Are American cigarettes as strong as the Gauloises?
Les cigarettes américaines sont-elles aussi fortes que les Gauloises?

No, they are not as strong as the Gauloises.
Non, elles ne sont pas aussi fortes que les Gauloises.

Is Spring as hot as summer?
Le printemps est-il aussi chaud que l'été?

No, it is not as hot as summer.
Non, il n'est pas aussi chaud que l'été.

Is red wine as dry as white wine?
Le vin rouge est-il aussi sec que le vin blanc?

No, it is not as dry as white wine.
Non, il n'est pas aussi sec que le blanc.

It is very dry today; it is almost as dry as yesterday.
Il fait très sec aujourd'hui; il fait presque aussi sec qu'hier.

It is very bad today; it is almost as bad as yesterday.
Il fait très mauvais aujourd'hui; il fait presque aussi mauvais qu'hier.

It is very humid today; it is almost as humid as yesterday.
Il fait très humide aujourd'hui; il fait presque aussi humide qu'hier.

It's very nice today; it is almost as good as yesterday.
Il fait très beau aujourd'hui; il fait presque aussi beau qu'hier.

It is very cold today; it is almost as cold as yesterday.
Il fait très froid aujourd'hui; il fait presque aussi froid qu'hier.

It is very clear today; it is almost as clear as yesterday.
Il fait très clair aujourd'hui; il fait presque aussi clair qu'hier.

It is very cool today; it is almost as fresh as yesterday.
Il fait très frais aujourd'hui; il fait presque aussi frais qu'hier.

It is very hot today; it is almost as hot as yesterday.
Il fait très chaud aujourd'hui; il fait presque aussi chaud qu'hier.

It was very good today; it is almost as good as yesterday.
Il fait très bon aujourd'hui; il fait presque aussi bon qu'hier.

Room twelve is large; room fourteen is too.
La chambre douze est grande; la chambre quatorze aussi.

The old road is nice; the new one is too.
L'ancienne route est bonne; la nouvelle aussi.

The red wine is dry; the white one also.
Le vin rouge est sec; le blanc aussi.

This carafe is expensive; the other one is too.
Cette carafe est chère; l'autre aussi.

This knife cuts well; the other one does as well.
Ce couteau coupe bien; l'autre aussi.

These places are expensive; the others are too.
Ces places sont chères; les autres aussi.

The English text is long; so is the French text.
Le texte anglais est long; le texte français aussi.

The black car is expensive; the red one is too.
L'auto noire est chère; la rouge aussi.

Which is the most expensive?
Quelle est la plus chère?

The white wine is strong; the red wine is too.
Le vin blanc est fort; le vin rouge aussi.

Which is the strongest?
Quel est le plus fort?

The black suit is very beautiful; the grey one also is.
Le costume noir est très beau; le gris aussi.

Which one is the most beautiful?
Quel est le plus beau?

This city is larger than the others.
Cette ville est plus grande que les autres.

This is the largest.
C'est la plus grande.

These places are more expensive than the others.
Ces places sont plus chères que les autres.

These are the most expensive.
Ce sont les plus chères.

These packages are not as bulky as the others.
Ces paquets sont moins gros que les autres.

These are the smallest.
Ce sont les moins gros.

This student is stronger than other ones.
Cette étudiante est plus forte que les autres.

This is the strongest.
C'est la plus forte.

These dresses are shorter than other ones.
Ces robes sont plus courtes que les autres.

These are the shortest.
Ce sont les plus courtes.

There are some suits more beautiful than the grey suit.
Il y a des costumes plus beaux que le costume gris.

The grey suit is not the most beautiful.
Le costume gris n'est pas le plus beau.

There are not any restaurants more expensive than this Russian restaurant.
Il n'y a pas de restaurants plus chers que ce restaurant russe.

This Russian restaurant is the most expensive.
Ce restaurant russe est le plus cher.

There are no seasons colder than winter.
Il n'y a pas de saisons plus froides que l'hiver.

Winter is the coldest season.
L'hiver est la saison la plus froide.

There are months drier than the month of August.
Il n'y a pas de mois plus secs que le mois d'août.

The month of August is the driest.
Le mois d'août est le plus sec.

What did you do during the weekend?
Qu'avez-vous fait pendant le weekend?

What have you done for me lately?
Qu'avez-vous fait pour moi dernièrement?

What have you done with the money?
Qu'avez-vous fait avec l'argent?

What have you done with my letter?
Qu'avez-vous fait avec ma lettre?

Have you chosen your dessert?
Avez-vous choisi votre dessert?

Have you chosen the name?
Avez-vous choisi le nom?

Have you decided to work in France?
Avez-vous décidé de travailler en France?

Have you chosen the target?
Avez-vous choisi la cible?

Have you chosen the school?
Avez-vous choisi l'école?

Have you chosen a good language school?
Avez-vous choisi une bonne école de langue?

Have you chosen the song?
Avez-vous choisi la chanson?

Have you chosen the password?
Avez-vous choisi le mot de passe?

We have had lunch.
Nous avons déjeuné.

We have worked.
Nous avons travaillé.

We have made amends.
Nous avons réparé.

We have tried.
Nous avons essayé.

We have walked.
Nous avons marché.

We have closed.
Nous avons fermé.

We have started.
Nous avons commencé.

We have agreed.
Nous avons accepté.

We have cleaned.
Nous avons nettoyé.

We have forgotten.
Nous avons oublié.

We have paid.
Nous avons payé.

We have phoned.
Nous avons téléphoné.

We have noted the score.
Nous avons noté le score.

We have noted the end result.
Nous avons noté le résultat final.

We have noted certain activities.
Nous avons noté certaines activités.

We have noted the position.
Nous avons noté la position.

We have noted a big difference.
Nous avons noté une grande différence.

We have noted the new report.
Nous avons noté le nouveau rapport.

We have noted some important signs.
Nous avons noté des signes importants.

We have noted some significant signs.
Nous avons noté des signes importants.

We have noted some strong evidence.
Nous avons noté des preuves solides.

We have noted some solid proof.
Nous avons noté une preuve solide.

We have noted some compelling evidence.
Nous avons noté une preuve convaincante.

We have received a lot of requests.
Nous avons reçu beaucoup de demandes.

We have not received a response.
Nous n'avons pas reçu de réponse.

We have received the letter.
Nous avons reçu la lettre.

We have received many compliments.
Nous avons reçu beaucoup de compliments.

We have received many complaints.
Nous avons reçu de nombreuses plaintes.

I have filed numerous complaints.
J'ai déposé de nombreuses plaintes.

We have seen a change since yesterday.
Nous avons constaté un changement depuis hier.

We have noticed that this song is very popular.
Nous avons remarqué que cette chanson est très populaire.

We have found that this advertisement is the most popular.
Nous avons constaté que cette publicité est le plus populaire.

We have found that the process is good.
Nous avons constaté que le procédé est bon.

We have found that the process is flawed.
Nous avons constaté que le processus est vicié.

We have found a strong relationship.
Nous avons constaté une relation forte.

We have scheduled our next meeting.
Nous avons prévu notre prochaine réunion.

We have scheduled our second meeting.
Nous avons prévu notre deuxième réunion.

He has had lunch.
Il a déjeuné.

They have had lunch.
Elles ont déjeuné.

You have had lunch.
Vous avez déjeuné.

I have had lunch.
J'ai déjeuné.

They have had lunch.
Ils ont déjeuné.

She has had lunch.
Elle a déjeuné.

We have had lunch.
On a déjeuné.

We have had lunch.
Nous avons déjeuné.

He has finished.
Il a fini.

He has chosen.
Il a choisi.

He has grown up.
Il a grandi.

He has grown.
Il a grossi.

He has thinned down.
Il a maigri.

He has become more pale.
Il a pâli.

He has slowed down.
Il a ralenti.

He has succeeded.
Il a réussi.

He has blushed.
Il a rougi.

He has aged.
Il a vieilli.

We have finished.
Nous avons fini.

He has finished.
Il a fini.

They have finished.
Elles ont fini.

You have finished.
Vous avez fini.

She has finished.
Elle a fini.

We have finished.
On a fini.

I have finished.
J'ai fini.

They have finished.
Ils ont fini.

I was afraid.
J'ai eu peur.

He was scared.
Il a eu peur.

We were scared.
Nous avons eu peur.

They were afraid.
Elles ont eu peur.

We were worried.
On a eu peur.

You were afraid.
Vous avez eu peur.

They were afraid.
Ils ont eu peur.

She was afraid.
Elle a eu peur.

Chapter VII
Chapitre VII

They have understood them.
Ils les ont compris.

I have understood them.
Je les ai compris.

He has understood them.
Il les a compris.

We have understood them.
Nous les avons compris.

She has understood them.
Elle les a compris.

You have understood them.
Vous les avez compris.

We have understood them.
On les a compris.

They have understood them.
Elles les ont compris.

I have sold them.
Je les ai vendus.

I have believed them.
Je les ai crus.

I have heard them.
Je les ai entendus.

I have received them.
Je les ai reçus.

I have read them.
Je les ai lus.

I have chosen them.
Je les ai retenus.

I have got them.
Je les ai eus.

I have seen them.
Je les ai vus.

He has replied to him.
Il lui a répondu.

He has answered her.
Il lui a répondu.

He has responded to it.
Il lui a répondu.

I have replied to her.
Je lui ai répondu.

We have replied to it.
Nous lui avons répondu.

You have answered her.
Vous lui avez répondu.

We have responded to her.
On lui a répondu.

They have replied to him.
Elles lui ont répondu.

She has answered him.
Elle lui a répondu.

They have answered him.
Ils lui ont répondu.

They have sold some.
Ils en ont vendu.

They have purchased some.
Ils en ont acheté.

They have wanted some.
Ils en ont voulu.

They have translated it.
Ils en ont traduit.

They have found some.
Ils en ont trouvé.

They have read it.
Ils en ont lu.

They have taken it.
Ils en ont pris.

They have done it.
Ils en ont fait.

They have got it.
Ils en ont eu.

Has he bought some?
En a-t-il acheté?

Has he found some?
En a-t-il trouvé?

Has he translated it?
En a-t-il traduit?

Has he chosen it?
En a-t-il choisi?

Has he known?
En a-t-il connu?

Has he opened it?
En a-t-il ouvert?

Has he done it?
En a-t-il fait?

Has he won it?
En a-t-il emporté?

Has he tried it?
En a-t-il essayé?

We have lived there.
Nous y avons habité.

They have lived there.
Ils y ont habité.

She has lived there.
Elle y a habité.

I have lived there.
J'y ai habité.

They have lived there.
Elles y ont habité.

We have lived there.
On y a habité.

You have lived there.
Vous y avez habité.

He has lived there.
Il y a habité.

I have not found them.
Je ne les ai pas trouvés.

I have not found some.
Je n'en ai pas trouvé.

I have not uncovered it.
Je ne l'ai pas trouvé.

I have not found you.
Je ne vous ai pas trouvé.

He has not located me.
Il ne m'a pas trouvé.

He has not found us.
Il ne nous a pas trouvés.

He has not identified them.
Il ne les a pas trouvés.

He has not uncovered it.
Il ne l'a pas trouvé.

He has not found any.
Il n'en a pas trouvé.

He has not recognised you.
Il ne vous a pas trouvé.

I insure the luggage.
J'assure les bagages.

I have insured the luggage.
J'ai assuré les bagages.

I am bringing the texts.
J'apporte les textes.

I have brought the texts.
J'ai apporté les textes.

I am listening to the speech.
J'écoute le discours.

I have listened to the speech.
J'ai écouté le discours.

I am bringing some warm clothes.
J'emporte des vêtements chauds.

I have brought some warm clothes.
J'ai emporté des vêtements chauds.

I am sending a telegram.
J'envoie un télégramme.

I have sent a telegram.
J'ai envoyé un télégramme.

I am trying on the suit.
J'essaie le costume.

I have tried on the suit.
J'ai essayé le costume.

I have tried the suit on.
J'ai essayé le costume.

I live in the city.
J'habite en ville.

I have lived in the city.
J'ai habité en ville.

I am forgetting something.
J'oublie quelque chose.

I have forgotten something.
J'ai oublié quelque chose.

I am very scared.
J'ai très peur.

I was very scared.
J'ai eu très peur.

They finish at six o'clock.
Elles finissent à six heures.

They finished at six o'clock.
Elles ont fini à six heures.

He is packing the suitcases.
Il remplit les valises.

He has packed the suitcases.
Il a rempli les valises.

They are packing their suitcases.
Ils remplissent leurs valises.

They have packed their bags.
Ils ont rempli leurs valises.

The plane lands in Paris.
L'avion atterrit à Paris.

The plane is landing in Paris.
L'avion atterrit à Paris.

The plane has landed in Paris.
L'avion a atterri à Paris.

The planes land in Paris.
Les avions atterrissent à Paris.

The planes have landed in Paris.
Les avions ont atterri à Paris.

She obeys her parents.
Elle obéit à ses parents.

She has obeyed her parents.
Elle a obéi à ses parents.

They obey their parents.
Ils obéissent à leurs parents.

They have obeyed their parents.
Ils ont obéi à leurs parents.

She blushes.
Elle rougit.

She is blushing.
Elle rougit.

She has blushed.
Elle a rougi.

They are blushing.
Elles rougissent.

They have blushed.
Elles ont rougi.

I am thanking my friends.
Je remercie mes amis.

I thanked my friends.
J'ai remercié mes amis.

I slow down.
Je ralentis.

I am slowing down.
Je ralentis.

I have slowed down.
J'ai ralenti.

They are listening to the speech.
Ils écoutent le discours.

They have listened to the speech.
Ils ont écouté le discours.

I rent a place.
Je loue une place.

I am renting a place.
Je loue une place.

I have rented a place.
J'ai loué une place.

He is saying something.
Il dit quelque chose.

He has said something.
Il a dit quelque chose.

I take a taxi.
Je prends un taxi.

I am taking a taxi.
Je prends un taxi.

I took a taxi.
J'ai pris un taxi.

I have taken a taxi.
J'ai pris un taxi.

We leave a tip.
Nous laissons un pourboire.

We are leaving a tip.
Nous laissons un pourboire.

We left a tip.
Nous avons laissé un pourboire.

They are buying the tickets.
Ils achètent les billets.

They have bought the tickets.
Ils ont acheté les billets.

She is bringing the mail.
Elle apporte le courrier.

She has brought the mail.
Elle a apporté le courrier.

It is nice.
Il fait beau.

It was nice.
Il a fait beau.

It is raining.
Il pleut.

It has rained.
Il a plu.

They pack their luggage.
Ils font leurs bagages.

They have packed their bags.
Ils ont fait leurs bagages.

It is cold.
Il fait froid.

It was cold.
Il a fait froid.

He is packing his bags.
Il fait ses valises.

He has packed his bags.
Il a fait ses valises.

It freezes.
Il gèle.

It is freezing.
Il gèle.

It froze.
Il a gelé.

It has frozen.
Il a gelé.

It is hot.
Il fait chaud.

It was hot.
Il a fait chaud.

They are making a cake.
Ils font un gâteau.

They have made a cake.
Ils ont fait un gâteau.

It is nasty.
Il fait mauvais.

It was nasty.
Il a fait mauvais.

It is dry.
Il fait sec.

It was dry.
Il a fait sec.

They are doing something.
Ils font quelque chose.

They have done something.
Ils ont fait quelque chose.

Are you going to buy the ticket?
Vous allez acheter le billet?

No, I have bought it already.
Non, je l'ai déjà acheté.

Are you going to reserve the seat?
Vous allez retenir la place?

No, I have already reserved it.
Non, je l'ai déjà retenue.

Are you going to see your friend?
Vous allez voir votre ami?

No, I have seen him already.
Non, je l'ai déjà vu.

No, I have already seen him.
Non, je l'ai déjà vu.

Are you going to see your friend?
Vous allez voir votre amie?

No, I have seen her already.
Non, je l'ai déjà vu.

Are you going to wash the car?
Vous allez laver l'auto?

No, I have already washed it.
Non, je l'ai déjà lavée.

Are you going to fill in the form?
Vous allez remplir la fiche?

No, I have filled it in already.
Non, je l'ai déjà remplie.

Are you going to write the speech?
Vous allez écrire le discours?

No, I have already written it.
Non, je l'ai déjà écrit.

Are you going to make the coffee?
Vous allez faire le café?

No, I have already made it.
Non, je l'ai déjà fait.

Are you going to repair the car?
Vous allez réparer l'auto?

No, I have already fixed it.
Non, je l'ai déjà réparée.

Are you going to send the letter?
Vous allez envoyer la lettre?

No, I have already sent it.
Non, je l'ai déjà envoyée.

Are you going to try on the suit?
Vous allez essayer le costume?

No, I have already tried it on.
Non, je l'ai déjà essayé.

I am not hungry; I have had a late lunch.
Je n'ai pas faim; j'ai déjeuné tard.

They are not hungry; they have had a late lunch.
Ils n'ont pas faim; ils ont déjeuné tard.

We are not hungry; we had a late lunch.
Nous n'avons pas faim; nous avons déjeuné tard.

She is not hungry; she had a late lunch.
Elle n'a pas faim; elle a déjeuné tard.

We are not hungry; we had a late lunch.
On n'a pas faim; on a déjeuné tard.

They are not hungry; they have had a late lunch.
Elles n'ont pas faim; elles ont déjeuné tard.

He is not hungry; he has had a late lunch.
Il n'a pas faim; il a déjeuné tard.

He has tried on several suits, but he did not buy any.
Il a essayé plusieurs costumes, mais il n'en a pas acheté.

We have tried on several suits, but we have not purchased any.
Nous avons essayé plusieurs costumes, mais nous n'en avons pas acheté.

I have tried several suits on, but I have not bought any.
J'ai essayé plusieurs costumes, mais je n'en ai pas acheté.

She has tried on several suits, but she has not bought any.
Elle a essayé plusieurs costumes, mais elle n'en a pas acheté.

You have tried on several dresses, but you have not purchased any.
Vous avez essayé plusieurs robes, mais vous n'en avez pas acheté.

They have tried on several suits, but they have not bought any.
Ils ont essayé plusieurs costumes, mais ils n'en ont pas acheté.

We have tried on several suits, but we have not bought any.
On a essayé plusieurs costumes, mais on n'en a pas acheté.

They have tried on several dresses, but they have not purchased any.
Elles ont essayé plusieurs robes, mais elles n'en ont pas acheté.

We have tried on several outfits, but we have not bought any.
Nous avons essayé plusieurs costumes, mais nous n'en avons pas acheté.

My friends have phoned.
Mes amis ont téléphoné.

When have they called?
Quand ont-ils téléphoné?

She has had lunch.
Elle a déjeuné.

When has she had lunch?
Quand a-t-elle déjeuné?

When did she have lunch?
Quand a-t-elle déjeuné?

The plane has landed.
L'avion a atterri.

When did it land?
Quand a-t-il atterri?

They have started.
Ils ont commencé.

When did they commence?
Quand ont-ils commencé?

I have finished.
J'ai fini.

When did you finish?
Quand avez-vous fini?

It has rained.
Il a plu.

When did it rain?
Quand a-t-il plu?

They have accepted.
Ils ont accepté.

When did they accept?
Quand ont-ils accepté?

The store has opened.
Le magasin a ouvert.

When did it open?
Quand a-t-il ouvert?

They have replied.
Elles ont répondu.

When did they reply?
Quand ont-elles répondu?

I have had lunch.
J'ai déjeuné.

When did you have lunch?
Quand avez-vous déjeuné?

I have sent the letters.
J'ai envoyé les lettres.

When did you send them?
Quand les avez-vous envoyées?

I saw your friend.
J'ai vu votre ami.

When did you see him?
Quand l'avez-vous vu?

I have seen your friend.
J'ai vu votre amie.

When did you see her?
Quand l'avez-vous vu?

I saw your friends.
J'ai vu vos amis.

When did you see them?
Quand les avez-vous vus?

I have purchased the villa.
J'ai acheté la villa.

When did you buy it?
Quand l'avez-vous achetée?

I have bought the books.
J'ai acheté les livres.

When did you buy them?
Quand les avez-vous achetés?

I have filled out the forms.
J'ai rempli les fiches.

When did you fill them out?
Quand les avez-vous remplies?

I have filled out the form.
J'ai rempli la fiche.

When did you fill it out?
Quand l'avez-vous remplie?

I took notes.
J'ai pris les billets.

I have taken the notes.
J'ai pris les billets.

When did you take them?
Quand les avez-vous pris?

I took the ticket.
J'ai pris le billet.

When did you take it?
Quand l'avez-vous pris?

I have reserved the seats.
J'ai retenu les places.

When did you reserve them?
Quand les avez-vous retenues?

I have booked some rooms.
J'ai retenu des chambres.

When did you book them?
Quand en avez-vous retenu?

I have booked the room.
J'ai retenu la chambre.

When did you book it?
Quand l'avez-vous retenue?

I have closed the window.
J'ai fermé la fenêtre.

When did you close it?
Quand l'avez-vous fermée?

I have opened the store.
J'ai ouvert le magasin.

When did you open it?
Quand l'avez-vous ouvert?

I have rented the villa.
J'ai loué la villa.

When did you rent it?
Quand l'avez-vous louée?

I have cleaned the suit.
J'ai nettoyé le costume.

When did you clean it?
Quand l'avez-vous nettoyé?

I have fixed the car.
J'ai réparé l'auto.

When did you fix it?
Quand l'avez-vous réparée?

I located the packages.
J'ai retrouvé les paquets.

When did you find them?
Quand les avez-vous retrouvés?

I have seen my friends.
J'ai vu mes amis.

When did you see them?
Quand les avez-vous vus?

I have phoned my friend.
J'ai téléphoné à mon ami.

When did you call him?
Quand lui avez-vous téléphoné?

I have bought the tickets.
J'ai acheté les billets.

When did you buy them?
Quand les avez-vous achetés?

I have spoken to my friends.
J'ai parlé à mes amis.

When did you speak to them?
Quand leur avez-vous parlé?

I have worked in Paris.
J'ai travaillé à Paris.

When did you work there?
Quand y avez-vous travaillé?

I have filled out my card.
J'ai rempli ma fiche.

When did you fill it in?
Quand l'avez-vous remplie?

I have had lunch at the restaurant.
J'ai déjeuné au restaurant.

When did you have lunch there?
Quand y avez-vous déjeuné?

I have sent the packets.
J'ai envoyé les paquets.

When did you send them?
Quand les avez-vous envoyés?

I have spoken about the case.
J'ai parlé de l'affaire.

When did you speak about it?
Quand en avez-vous parlé?

I have answered the mail.
J'ai répondu au courrier.

When did you reply to it?
Quand y avez-vous répondu?

I have seen my friends.
J'ai vu mes amis.

When did you see them?
Quand les avez-vous vus?

They have phoned me.
On m'a téléphoné.

When did they phone you?
Quand vous a-t-on téléphoné?

I have read the newspapers.
J'ai lu les journaux.

When did you read them?
Quand les avez-vous lus?

I have thanked the concierge.
J'ai remercié la concierge.

When did you thank him/her?
Quand l'avez-vous remerciée?

I have opened the packages.
J'ai ouvert les paquets.

When did you open them?
Quand les avez-vous ouverts?

I have lived in the south of France.
J'ai habité dans le Midi.

When did you live there?
Quand y avez-vous habité?

My friends have written to me.
Mes amis m'ont écrit.

When did they write to you?
Quand vous ont-ils écrit?

We have called you.
On vous a téléphoné.

When did you phone me?
Quand m'a-t-on téléphoné?

You woke me up.
On m'a réveillé.

When did we wake you up?
Quand vous a-t-on réveillé?

I wrote to you.
Je vous ai écrit.

When did you write me?
Quand m'avez-vous écrit?

Have your friends had lunch?
Vos amis ont-ils déjeuné?

Yes, they have had lunch.
Oui, ils ont déjeuné.

Has the plane landed?
L'avion a-t-il atterri?

Yes, it has landed.
Oui, il a atterri.

Have your friends accepted?
Vos amies ont-elles accepté?

Yes, they have accepted.
Oui, elles ont accepté.

Have you called?
Avez-vous téléphoné?

Did you call?
Avez-vous téléphoné?

Yes, I have called.
Oui, j'ai téléphoné.

Has your friend driven?
Votre amie a-t-elle conduit?

Yes, she has driven.
Oui, elle a conduit.

Have you slowed down?
Avez-vous ralenti?

Yes, I have slowed down.
Oui, j'ai ralenti.

Do you understand?
A-t-on compris?

Yes, we understand.
Oui, on a compris.

Have you worked?
Avez-vous travaillé?

Yes, I have worked.
Oui, j'ai travaillé.

Have you hung up?
A-t-on raccroché?

Yes, we have hung up.
Oui, on a raccroché.

Have I exaggerated?
Est-ce que j'ai exagéré?

Yes, you have exaggerated.
Oui, vous avez exagéré.

Have you had lunch at the restaurant?
Avez-vous déjeuné au restaurant?

Yes, I have had lunch there.
Oui, j'y ai déjeuné.

Have you woken up your friends?
Avez-vous réveillé vos amis?

Yes, I have woken them up.
Oui, je les ai réveillés.

Have you thought about the holidays?
Avez-vous pensé aux vacances?

Yes, I have thought about it.
Oui, j'y ai pensé.

Have you talked about the case?
Avez-vous parlé de l'affaire?

Yes, I have spoken about it.
Oui, j'en ai parlé.

Have you found some matches?
Avez-vous trouvé des allumettes?

Yes, I have found them.
Oui, j'en ai trouvé.

Have you listened to the speech?
Avez-vous écouté le discours?

Yes, I have listened to it.
Oui, je l'ai écouté.

Have you read the mail?
Avez-vous lu le courrier?

Yes, I have read it.
Oui, je l'ai lu.

Have you closed the windows?
Avez-vous fermé les fenêtres?

Yes, I have closed them.
Oui, je les ai fermées.

Have you phoned your friend?
Avez-vous téléphoné à votre amie?

Yes, I have phoned her.
Oui, je lui ai téléphoné.

Have you replied to the letter?
Avez-vous répondu à la lettre?

Yes, I have replied to it.
Oui, j'y ai répondu.

Did you replied to your friends?
Avez-vous répondu à vos amis?

Yes, I have replied to them.
Oui, je leur ai répondu.

Have you weighed the parcels?
Avez-vous pesé les colis?

Yes, I have weighed them.
Oui, je les ai pesés.

Have you brought the letter?
Avez-vous apporté la lettre?

Yes, I have brought it.
Oui, je l'ai apportée.

Have you learnt the lesson?
Avez-vous appris la leçon?

Yes, I have learnt it.
Oui, je l'ai appris.

Have you finished the bag?
Avez-vous fini la valise?

Yes, I have finished it.
Oui, je l'ai finie.

Do you have the luggage?
Avez-vous les bagages?

Yes, I have it.
Oui, je les ai.

Have you packed the bags?
Avez-vous fait les bagages?

Yes, I have packed them.
Oui, je les ai faits.

Do you understand the lesson?
Savez-vous la leçon?

Yes, I understand it.
Oui, je la sais.

Have you understood the lesson?
Avez-vous su la leçon?

Yes, I have understood it.
Oui, je l'ai sue.

Do you have the lesson?
Avez-vous la leçon?

Yes, I have it.
Oui, je l'ai.

Do you have any matches?
Avez-vous des allumettes?

Yes, I have some.
Oui, j'en ai.

Have you purchased some matches?
Avez-vous acheté des allumettes?

Yes, I have bought some.
Oui, j'en ai acheté.

Do you have the texts?
Avez-vous les textes?

Yes, I have them.
Oui, je les ai.

Did you bring the texts?
Avez-vous apporté les textes?

Yes, I have brought them.
Oui, je les ai apportés.

Have you purchased some cheese?
Avez-vous acheté du fromage?

Yes, I have bought some.
Oui, j'en ai acheté.

Do you have some cheese?
Avez-vous du fromage?

Yes, I have some.
Oui, j'en ai.

Do you have the number?
Avez-vous le numéro?

Yes, I have it.
Oui, je l'ai.

Did you write down the number?
Avez-vous écrit le numéro?

Yes, I have written it down.
Oui, je l'ai écrit.

Do you have the telegram?
Avez-vous le télégramme?

Yes, I have it.
Oui, je l'ai.

Have you sent the telegram?
Avez-vous envoyé le télégramme?

Yes, I have sent it.
Oui, je l'ai envoyé.

Do you have it?
L'avez-vous?

Yes, I have it.
Oui, je l'ai.

Have you tried it?
L'avez-vous essayé?

Yes, I have tried it.
Oui, je l'ai essayé.

Have you purchased any books?
Avez-vous acheté des livres?

Yes, I have purchased some.
Oui, j'en ai acheté.

Have you read them?
Les avez-vous lus?

Yes, I have read them.
Oui, je les ai lus.

Have you found the restaurant?
Avez-vous trouvé le restaurant?

Yes, I have found it.
Oui, je l'ai trouvé.

Have you had lunch there?
Y avez-vous déjeuné?

Yes, I have had lunch there.
Oui, j'y ai déjeuné.

Have you seen your friends?
Avez-vous vu vos amis?

Yes, I have seen them.
Oui, je les ai vus.

Have you spoken to them?
Leur avez-vous parlé?

Yes, I have spoken to them.
Oui, je leur ai parlé.

Have you found some forms?
Avez-vous trouvé des fiches?

Yes, I have found some.
Oui, j'en ai trouvé.

Have you filled them out?
Les avez-vous remplies?

Yes, I have filled them out.
Oui, je les ai remplies.

Did you take up the mail?
Avez-vous monté le courrier?

Yes, I have taken it up.
Oui, je l'ai monté.

Have you read it?
L'avez-vous lu?

Yes, I have read it.
Oui, je l'ai lu.

Have you seen Janine?
Avez-vous vu Janine?

Yes, I have seen her.
Oui, je l'ai vue.

Have you spoken to her?
Lui avez-vous parlé?

Yes, I have talked to her.
Oui, je lui ai parlé.

Do you have the bags?
Avez-vous les valises?

Yes, I have them.
Oui, je les ai.

Have you taken them up?
Les a-t-on montées?

Yes, they have been taken up.
Oui, on les a montées.

Have you seen Janine?
Avez-vous vu Janine?

I have seen her.
Elle, je l'ai vue.

Have you thanked her?
L'avez-vous remerciée?

Yes, I have thanked her.
Oui, je l'ai remerciée.

Do you have the letter?
Avez-vous la lettre?

Yes, I have it.
Oui, je l'ai.

Have you signed it?
L'avez-vous signée?

Yes, I have signed it.
Oui, je l'ai signée.

They have slowed down.
Ils ont ralenti.

Why have they slowed down?
Pourquoi ont-ils ralenti?

They are slowing down.
Ils ralentissent.

Why are they slowing down?
Pourquoi ralentissent-ils?

She is blushing.
Elle rougit.

Why is she blushing?
Pourquoi rougit-elle?

She blushed.
Elle a rougi.

Why has she blushed?
Pourquoi a-t-elle rougi?

Why did she blush?
Pourquoi a-t-elle rougi?

They are afraid.
Ils ont peur.

Why are they afraid?
Pourquoi ont-ils peur?

Why do they have fear?
Pourquoi ont-ils peur?

They were afraid.
Ils ont eu peur.

Why were they afraid?
Pourquoi ont-ils eu peur?

I have lunch at two o'clock.
Je déjeune à deux heures.

Why do you have lunch at two o'clock?
Pourquoi déjeunez-vous à deux heures?

I had lunch at two o'clock.
J'ai déjeuné à deux heures.

Why did you have lunch at two o'clock?
Pourquoi avez-vous déjeuné à deux heures?

I have walked.
J'ai marché.

Why did you walk?
Pourquoi avez-vous marché?

They have taken the plane.
Ils ont pris l'avion.

Why did they take it?
Pourquoi l'ont-ils pris?

She has grown pale.
Elle a pâli.

Why as she become pale?
Pourquoi a-t-elle pâli?

I have phoned.
J'ai téléphoné.

Why have you phoned?
Pourquoi avez-vous téléphoné?

They have phoned.
Ils ont téléphoné.

Why did they call?
Pourquoi ont-ils téléphoné?

She has hung up.
Elle a raccroché.

Why did she hang up?
Pourquoi a-t-elle raccroché?

You have not closed the windows.
On n'a pas fermé les fenêtres.

Why have we not closed them?
Pourquoi ne les a-t-on pas fermées?

The windows have not been closed.
On n'a pas fermé les fenêtres.

Why have they not been closed?
Pourquoi ne les a-t-on pas fermées?

I have not eaten lunch.
Je n'ai pas déjeuné.

Why have you not had lunch?
Pourquoi n'avez-vous pas déjeuné?

She has not tried on the dress.
Elle n'a pas essayé la robe.

Why has she not tried it on?
Pourquoi ne l'a-t-elle pas essayée?

I have not purchased some matches.
Je n'ai pas acheté d'allumettes.

Why haven't you purchased them?
Pourquoi n'en avez-vous pas acheté?

My friends have not slowed down.
Mes amis n'ont pas ralenti.

Why have they not slowed down?
Pourquoi n'ont-ils pas ralenti?

I have not waited for you.
Je ne vous ai pas attendu.

Why did you not wait for me?
Pourquoi ne m'avez-vous pas attendu?

I have not brought the suitcase.
Je n'ai pas apporté la valise.

Why did you not bring it?
Pourquoi ne l'avez-vous pas apportée?

They have not left a tip.
Ils n'ont pas laissé de pourboire.

Why did they not leave one?
Pourquoi n'en ont-ils pas laissé?

We have not taken up the suitcases.
On n'a pas monté les valises.

Why have you not taken them up?
Pourquoi ne les a-t-on pas montées?

We have not fixed the car.
On n'a pas réparé l'auto.

Why have we not fixed it?
Pourquoi ne l'a-t-on pas réparée?

I have not called your friends.
Je n'ai pas téléphoné à vos amis.

Why have you not called them?
Pourquoi ne leur avez-vous pas téléphoné?

We have not woken up the children.
On n'a pas réveillé les enfants.

Why have we not woken them up?
Pourquoi ne les a-t-on pas réveillés?

I have not written.
Je n'ai pas écrit.

Why have you not written?
Pourquoi n'avez-vous pas écrit?

The children have not obeyed.
Les enfants n'ont pas obéi.

Why have they not obeyed?
Pourquoi n'ont-ils pas obéi?

The road has not been finished.
On n'a pas fini la route.

Why has it not been finished?
Pourquoi ne l'a-t-on pas finie?

They have not finished the road.
On n'a pas fini la route.

Why have they not finished it?
Pourquoi ne l'a-t-on pas finie?

We have not paid the employees.
On n'a pas payé les employés.

Why have we not paid them?
Pourquoi ne les a-t-on pas payés?

I have not opened the parcel.
Je n'ai pas ouvert le colis.

Why have you not opened it?
Pourquoi ne l'avez-vous pas ouvert?

They have not worked.
Ils n'ont pas travaillé.

Why have they not worked?
Pourquoi n'ont-ils pas travaillé?

I have not rented the villa.
Je n'ai pas loué la villa.

Why have you not rented it?
Pourquoi ne l'avez-vous pas louée?

I do not like winter.
Je n'aime pas l'hiver.

Why don't you like it?
Pourquoi ne l'aimez-vous pas?

My sister did not like Normandy.
Ma sœur n'a pas aimé la Normandie.

Why did she not like it?
Pourquoi ne l'a-t-elle pas aimée?

I have not reserved the seats.
Je n'ai pas retenu les places.

Why have you not returned them?
Pourquoi ne les avez-vous pas retenues?

They have not waited for me.
Ils ne m'ont pas attendu.

Why have they not waited for you?
Pourquoi ne vous ont-ils pas attendu?

I have not waited my friends.
Je n'ai pas attendu mes amis.

Why haven't you waited for them?
Pourquoi ne les avez-vous pas attendus?

I have not looked.
Je n'ai pas regardé.

Why have you not looked?
Pourquoi n'avez-vous pas regardé?

He has not accepted.
Il n'a pas accepté.

Why has he not accepted?
Pourquoi n'a-t-il pas accepté?

I have not taken any bunks.
Je n'ai pas pris de couchettes.

Why have you not taken some?
Pourquoi n'en avez-vous pas pris?

I do not have lunch.
Je ne déjeune pas.

Why don't you have lunch?
Pourquoi ne déjeunez-vous pas?

They have not worked.
Ils n'ont pas travaillé.

Why have they not worked?
Pourquoi n'ont-ils pas travaillé?

We did not build new roads.
On n'a pas construit de nouvelles routes.

Why did you not built them?
Pourquoi n'en a-t-on pas construit?

I do not drive.
Je ne conduis pas.

Why don't you drive?
Pourquoi ne conduisez-vous pas?

I did not bring the books.

Je n'ai pas apporté les livres.

Why did you not bring them?

Pourquoi ne les avez-vous pas apportés?

Chapter VIII
Chapitre VIII

I do not have any mail; do you have some?
Je n'ai pas de courrier; en avez-vous?

I do not have any bags; do you have some?
Je n'ai pas de bagages; en avez-vous?

I have not received any telegrams; have you received any?
Je n'ai pas reçu de télégrammes; en avez-vous reçu?

I have not seen my friends; have you seen them?
Je n'ai pas vu mes amis; les avez-vous vus?

I have not put on weight; have you put on weight?
Je n'ai pas grossi; avez-vous grossi?

I do not have any work; do you have some?
Je n'ai pas de travail; en avez-vous?

I do not work; do you work?
Je ne travaille pas; travaillez-vous?

I do not understand; do you understand?
Je ne comprends pas; comprenez-vous?

I do not understand the text; do you understand it?
Je ne comprends pas le texte; le comprenez-vous?

I have not paid the bill; have you paid it?
Je n'ai pas payé l'addition; l'avez-vous payée?

I have not seen the match; have you seen it?
Je n'ai pas vu le match; l'avez-vous vu?

I have not heard the speech; did you hear it?
Je n'ai pas entendu le discours; l'avez-vous entendu?

I do not have any matches; do you have some?
Je n'ai pas d'allumettes; en avez-vous?

I am not leaving a tip; are you leaving one?
Je ne laisse pas de pourboire; en laissez-vous?

I did not leave a tip; did you leave one?
Je n'ai pas laissé de pourboire; en avez-vous laissé?

I am not thinking about the holidays; are you thinking about them?
Je ne pense pas aux vacances; y pensez-vous?

I have not thought about the holidays; have you thought about them?
Je n'ai pas pensé aux vacances; y avez-vous pensé?

I have not taken any matches; have you brought some?
Je n'ai pas emporté d'allumettes; en avez-vous emporté?

He brought it to me.
Il me l'a apporté.

He has brought it to me.
Il me l'a apporté.

He has brought me it.
Il me l'a apporté.

He has brought them to me.
Il me les a apportés.

He has told me.
Il me l'a dit.

He has read them to me.
Il me les a lus.

He left me it.
Il me l'a laissé.

He has left it to me.
Il me l'a laissé.

He has left it for me.
Il me l'a laissé.

He has left them for me.
Il me les a laissés.

He gave it to me.
Il me l'a donné.

He gave me it.
Il me l'a donné.

He has given it to me.
Il me l'a donné.

He has given me it.
Il me l'a donné.

He has given them to me.
Il me les a donnés.

He has introduced her to me.
Il me l'a présenté.

He has introduced them to me.
Il me les a présentés.

He has translated it for me.
Il me l'a traduit.

He has translated them for me.
Il me les a traduits.

He has sent it.
Il l'a envoyé.

He has sent them to me.
Il me les a envoyés.

He has brought it to me.
Il me l'a apporté.

He has brought them to me.
Il me les a apportés.

I have taken them up to you.
Je vous les ai montés.

I have told you about it.
Je vous l'ai dit.

I have left them to you.
Je vous les ai laissés.

I have read it to you.
Je vous l'ai lu.

I have brought them to you.
Je vous les ai apportés.

I have brought it to you.
Je vous l'ai apporté.

I have given them to you.
Je vous les ai donnés.

I have written it for you.
Je vous l'ai écrit.

I have sent them to you.
Je vous les ai envoyés.

I have sent it to you.
Je vous l'ai envoyé.

I have translated them for you.
Je vous les ai traduits.

I gave it to you.
Je vous l'ai donné.

I have given it to you.
Je vous l'ai donné.

I have purchased them for you.
Je vous les ai achetés.

I have requested it for you.
Je vous l'ai demandé.

I have submitted them to you.
Je vous les ai présentés.

I have translated it for you.
Je vous l'ai traduit.

I have introduced her to you.
Je vous l'ai présenté.

You have told us about it.
Vous nous l'avez dit.

We have brought it to you.
Nous vous l'avons apporté.

You have brought it to us.
Vous nous l'avez apporté.

We have presented it to you.
Nous vous l'avons présenté.

You have presented it to us.
Vous nous l'avez présenté.

We have said it to you.
Nous vous l'avons dit.

You have sent it to us.
Vous nous l'avez envoyé.

We wrote it to you.
Nous vous l'avons écrit.

We wrote you it.
Nous vous l'avons écrit.

We have written it to you.
Nous vous l'avons écrit.

You have asked us for it.
Vous nous l'avez demandé.

You have requested it of us.
Vous nous l'avez demandé.

We have translated it for you.
Nous vous l'avons traduit.

You have written it for us.
Vous nous l'avez écrit.

We have demanded it of you.
Nous vous l'avons demandé.

You have translated it for us.
Vous nous l'avez traduit.

You have read it to us.
Vous nous l'avez lu.

You have bought them for us.
Vous nous les avez achetés.

I have brought some for you.
Je vous en ai apporté.

You have requested it from us.
Vous nous les avez demandés.

I have left some for you.
Je vous en ai laissé.

You have brought them for us.
Vous nous les avez apportés.

I have bought some for you.
Je vous en ai acheté.

You have translated them for us.
Vous nous les avez traduits.

I took you some.
Je vous en ai pris.

I have taken you some.
Je vous en ai pris.

I have taken some to you.
Je vous en ai pris.

I have taken some for you.
Je vous en ai pris.

You have introduced them to us.
Vous nous les avez présentés.

I took you up some.
Je vous en ai monté.

I have taken up some to you.
Je vous en ai monté.

You have left us them.
Vous nous les avez laissés.

You have left them to us.
Vous nous les avez laissés.

I gave you some.
Je vous en ai donné.

I have given you some.
Je vous en ai donné.

I have given some to you.
Je vous en ai donné.

You have purchased them for us.
Vous nous les avez achetés.

You have purchased us them.
Vous nous les avez achetés.

I have requested some for you.
Je vous en ai demandé.

They have brought me some.
Ils m'en ont apporté.

They have left me some.
Ils m'en ont laissé.

They have translated some for me.
Ils m'en ont traduit.

They have bought me some.
Ils m'en ont acheté.

They have brought me some.
Ils m'en ont pris.

They have taken up some to me.
Ils m'en ont monté.

They have given me some.
Ils m'en ont donné.

They have requested some for me.
Ils m'en ont demandé.

I have driven you there, haven't I?
Je vous y ai conduit, n'est-ce pas?

He has driven you there, hasn't he?
Il vous y a conduit, n'est-ce pas?

They have driven you there, no?
Ils vous y ont conduit, n'est-ce pas?

She has driven you there, has she not?
Elle vous y a conduit, n'est-ce pas?

They have driven you there, haven't they?
Elles vous y ont conduit, n'est-ce pas?

You have been driven there, is that not so?
On vous y a conduit, n'est-ce pas?

We have driven you there, haven't we?
Nous les y avons conduits, n'est-ce pas?

You have driven them there, haven't you?
Vous les y avez conduits, n'est-ce pas?

They have driven them there, no?
Elles les y ont conduits, n'est-ce pas?

We have driven them there, no?
On les y a conduits, n'est-ce pas?

He has driven them there, hasn't he?
Il les y a conduits, n'est-ce pas?

They have driven us there, haven't they?
Ils nous y ont conduits, n'est-ce pas?

She has driven us there, is it not the case?
Elle nous y a conduits, n'est-ce pas?

They have driven us there, no?
On nous y a conduits, n'est-ce pas?

You have driven us there, haven't you?
Vous nous y avez conduits, n'est-ce pas?

We have driven you there, haven't we?
Nous vous y avons conduits, n'est-ce pas?

I have driven them there, haven't I?
Je les y ai conduits, n'est-ce pas?

They have driven them there, no?
Ils les y ont conduits, n'est-ce pas?

They have driven me there in the afternoon.
Ils m'y ont conduit dans l'après-midi.

He has taken me there in the afternoon.
Il m'y a conduit dans l'après-midi.

They have taken me there in the afternoon.
Elles m'y ont conduit dans l'après-midi.

She has driven me there in the afternoon.
Elle m'y a conduit dans l'après-midi.

You have taken me there in the afternoon.
On m'y a conduit dans l'après-midi.

You have driven me there in the afternoon.
Vous m'y avez conduit dans l'après-midi.

I have driven her there in the afternoon.
Je l'y ai conduit dans l'après-midi.

She has driven him there in the afternoon.
Elle l'y a conduit dans l'après-midi.

They took him there in the afternoon.
Elles l'y ont conduit dans l'après-midi.

He has driven her there in the afternoon.
Il l'y a conduit dans l'après-midi.

They have driven him there in the afternoon.
Ils l'y ont conduit dans l'après-midi.

One has driven her there in the afternoon.
On l'y a conduit dans l'après-midi.

You have driven here there in the afternoon.
Vous l'y avez conduit dans l'après-midi.

We have driven him there in the afternoon.
Nous l'y avons conduit dans l'après-midi.

They left me some.
Ils m'en ont laissé.

They have left me some.
Ils m'en ont laissé.

They have left you some.
Ils vous en ont laissé.

They have left us some.
Ils nous en ont laissé.

He has left me them.
Il me les a laissés.

He has left you them.
Il vous les a laissés.

He has left us them.
Il nous les a laissés.

He has brought her/him some.
Il lui en a apporté.

He has brought us some.
Il nous en a apporté.

He has brought you some.
Il vous en a apporté.

He has brought me some.
Il m'en a apporté.

He has brought her/him to him.
Il le lui a apporté.

He has brought him them.
Il le leur a apporté.

He has brought them them.
Il les leur a apportés.

He has brought her/him to them.
Il les lui a apportés.

He has brought him/her to her.
Il la lui a apportée.

He has brought her them.
Il la leur a apportée.

He has brought her/him some.
Il lui en a apporté.

He has brought them some.
Il leur en a apporté.

You have sent her/him some.
Vous lui en avez envoyé.

You have sent me some.
Vous m'en avez envoyé.

You have sent us some.
Vous nous en avez envoyé.

You have sent them some.
Vous leur en avez envoyé.

You have sent him/her to her.
Vous la lui avez envoyée.

You have sent her them.
Vous la leur avez envoyée.

You sent her/him to them.
Vous les lui avez envoyés.

You have sent them them.
Vous les leur avez envoyés.

You have sent him them.
Vous le leur avez envoyé.

You have sent her/him to him.
Vous le lui avez envoyé.

I gave you the information.
Je vous ai donné les renseignements.

I have given you the information.
Je vous ai donné les renseignements.

I have given you them.
Je vous les ai donnés.

I have taken up the mail to you.
Je vous ai monté le courrier.

I have taken it up to you.
Je vous l'ai monté.

I have taken up the newspapers to you.
Je vous ai monté les journaux.

I have taken them up to you.
Je vous les ai montés.

I introduced my friend to you.
Je vous ai présenté mon ami/amie.

I introduced him/her to you.
Je vous l'ai présenté.

I introduced my friends to you.
Je vous ai présenté mes amis.

I introduced them to you.
Je vous les ai présentés.

Have you left me the address?
M'avez-vous laissé l'adresse?

Yes, I have left it for you.
Oui, je vous l'ai laissée.

Have you written the text for me?
M'avez-vous écrit le texte?

Yes, I have written it for you.
Oui, je vous l'ai écrit.

Yes, I wrote it for you.
Oui, je vous l'ai écrit.

Have you translated the texts for me?
M'avez-vous traduit les textes?

Yes, I have translated them for you.
Oui, je vous les ai traduits.

Have you brought me the magazines?
M'avez-vous apporté les revues?

Yes, I have brought you them.
Oui, je vous les ai apportées.

Have you asked me for the number?
M'avez-vous demandé le numéro?

Yes, I have asked you for it.
Oui, je vous l'ai demandé.

Have you left me the newspapers?
M'avez-vous laissé les journaux?

Yes, I have left you them.
Oui, je vous les ai laissés.

Have you sent me the books?
M'avez-vous envoyé les livres?

Yes, I have sent them to you.
Oui, je vous les ai envoyés.

Have you taken up the mail to me?
M'avez-vous monté le courrier?

Yes, I have taken it up to you.
Oui, je vous l'ai monté.

Have you sent me the book?
M'avez-vous envoyé le livre?

Yes, I have sent you it.
Oui, je vous l'ai envoyé.

Has the speech been written for you?
Vous a-t-on écrit le discours?

Has your speech been written?
Vous a-t-on écrit le discours?

Has one translated the texts for you?
Vous a-t-on traduit les textes?

Have the texts been translated for you?
Vous a-t-on traduit les textes?

Have you been brought the book?
Vous a-t-on apporté le livre?

Have you been given the date?
Vous a-t-on donné la date?

Have you been brought the newspapers?
Vous a-t-on apporté les journaux?

Have they asked you for the number?
Vous a-t-on demandé le numéro?

Have you been shown the rooms?
Vous a-t-on montré les chambres?

Has the suitcase been taken up to you?
Vous a-t-on monté la valise?

Have the bags been sent to you?
Vous a-t-on envoyé les bagages?

Have you been shown the villa?
Vous a-t-on montré la villa?

Have you been given the name of the hotel?
Vous a-t-on donné le nom de l'hôtel?

Have you sent me the information?
M'avez-vous envoyé les renseignements?

Did you send me the information?
M'avez-vous envoyé les renseignements?

Yes, I have sent it to you.
Oui, je vous les ai envoyés.

Yes, I have sent you it.
Oui, je vous les ai envoyés.

Have you got some change for me?
M'avez-vous fait de la monnaie?

Yes, I have got you some.
Oui, je vous en ai fait.

Have you taken me up the bags?
M'avez-vous monté les bagages?

Yes, I have taken them up for you.
Oui, je vous les ai montés.

Have you left me the address?
M'avez-vous laissé l'adresse?

Yes, I have left you it.
Oui, je vous l'ai laissée.

Did you give me the number?
M'avez-vous donné le numéro?

Have you given me the number?
M'avez-vous donné le numéro?

Yes, I have given it to you.
Oui, je vous l'ai donné.

Have you brought me the information?
M'avez-vous apporté les renseignements?

Yes, I have brought you it.
Oui, je vous les ai apportés.

Have you left me some information?
M'avez-vous laissé des renseignements?

Yes, I have left you some.
Oui, je vous en ai laissé.

Have you translated the speech for me?
M'avez-vous traduit le discours?

Yes, I have translated it for you.
Oui, je vous l'ai traduit.

Did you bring me the change?
M'avez-vous apporté la monnaie?

Have you brought me the change?
M'avez-vous apporté la monnaie?

Yes, I have brought you it.
Oui, je vous l'ai apportée.

Have you purchased me some wine?
M'avez-vous acheté du vin?

Yes, I have purchased you some.
Oui, je vous en ai acheté.

Have you been left the address?
Vous a-t-on laissé l'adresse?

Has the luggage been taken up for me?
M'a-t-on monté les bagages?

Have you been given the books?
Vous a-t-on donné les livres?

Have you bought me some wine?
M'avez-vous acheté du vin?

Has my friend been introduced to you?
Vous a-t-on présenté mon ami?

Have you been told the name of the hotel?
Vous a-t-on dit le nom de l'hôtel?

Have you been sent the magazine?
Vous a-t-on envoyé la revue?

Have you talked to me about the transport matter?
M'avez-vous parlé de l'affaire de transport?

Have you been spoken to about the transport business?
Vous a-t-on parlé de l'affaire de transport?

Have I left you the number?
Est-ce que je vous ai laissé le numéro?

Yes, you have left me it.
Oui, vous me l'avez laissé.

Have you been left the car?
Vous a-t-on laissé l'auto?

Yes, it has been left to me.
Oui, on me l'a laissée.

Have I spoken to you about the villa?
Est-ce que je vous ai parlé de la villa?

Yes, you have spoken to me about it.
Oui, vous m'en avez parlé.

Have you brought me any newspapers?
M'avez-vous apporté des journaux?

Yes, I have brought you some.
Oui, je vous en ai apporté.

Have I told you the name of the hotel?
Est-ce que je vous ai dit le nom de l'hôtel?

Yes, you have told me it.
Oui, vous me l'avez dit.

Have you left me the address?
M'avez-vous laissé l'adresse?

Yes, I have left you it.
Oui, je vous l'ai laissée.

You have been spoken to about the new model?
Vous a-t-on parlé du nouveau modèle?

Yes, I have been spoken to about it.
Oui, on m'en a parlé.

Have the tickets been taken up to me?
M'a-t-on monté les billets?

Yes, they have been taken up to you.
Oui, on vous les a montés.

Have you been shown the rooms?
Vous a-t-on montré les chambres?

Yes, they have shown me them.
Oui, on me les a montrées.

Did I give you the address?
Est-ce que je vous ai donné l'adresse?

Have I given you the address?
Est-ce que je vous ai donné l'adresse?

Yes, you have given me it.
Oui, vous me l'avez donnée.

Yes, you have given it to me.
Oui, vous me l'avez donnée.

Does he have the book?
Est-ce qu'il a le livre?

I do not know if I have given him it.
Je ne sais pas si je le lui ai donné.

Does he have the books?
Est-ce qu'il a les livres?

I do not know if I have given him them.
Je ne sais pas si je les lui ai donnés.

Does she have the books?
Est-ce qu'elle a les livres?

I do not know if I have given them to her.
Je ne sais pas si je les lui ai donnés.

Does she have the book?
Est-ce qu'elle a le livre?

I do not know if I gave it to her.
Je ne sais pas si je le lui ai donné.

Do they have the book?
Est-ce qu'elles ont le livre?

I do not know if I have given it to them.
Je ne sais pas si je le leur ai donné.

Do they have the books?
Est-ce qu'ils ont les livres?

I do not know if I have given them to them.
Je ne sais pas si je les leur ai donnés.

Do you have the book?
Est-ce que vous avez le livre?

I do not know if I gave it to you.
Je ne sais pas si je vous l'ai donné.

I do not know if I have given it to you.
Je ne sais pas si je vous l'ai donné.

Do you have the books?
Est-ce que vous avez les livres?

I do not know if I have given you them.
Je ne sais pas si je vous les ai donnés.

Does she have the books?
Est-ce qu'elle a les livres?

I do not know if I have given them to her.
Je ne sais pas si je les lui ai donnés.

Do you have the address?
Est-ce que vous avez l'adresse?

I do not know if I have given it to you.
Je ne sais pas si je vous l'ai donnée.

Does he have the address?
Est-ce qu'il a l'adresse?

I do not know if I gave it to him.
Je ne sais pas si je la lui ai donnée.

Do they have the number?
Est-ce qu'ils ont le numéro?

I do not know if I have given it to them.
Je ne sais pas si je le leur ai donné.

Do you have the number?
Est-ce que vous avez le numéro?

I do not know if I gave it to you.
Je ne sais pas si je vous l'ai donné.

Has your friend given you the ticket?
Votre ami vous a-t-il donné le billet?

Yes, he has given it to me.
Oui, il me l'a donné.

Have you given the tickets to your friends?
Avez-vous donné les billets à vos amis?

Yes, I have given them to them.
Oui, je les leur ai donnés.

Have your friends given you the tickets?
Vos amis vous ont-ils donné les billets?

Yes, they have given me them.
Oui, ils me les ont donnés.

Have you sent the book to your friends?
Avez-vous envoyé le livre à vos amis?

Yes, I have sent it to them.
Oui, je le leur ai envoyé.

Have your friends sent you some?
Vos amis vous en ont-ils envoyé?

Yes, they have sent me some.
Oui, ils m'en ont envoyé.

Have you given the name of the hotel to your friends?
Avez-vous donné le nom de l'hôtel à vos amis?

Yes, I have given it to them.
Oui, je le leur ai donné.

Have you given the books to your friend?
Avez-vous donné les livres à votre ami?

Yes, I have given them to him.
Oui, je les lui ai donnés.

Have your friends taken you to the station?
Vos amis vous ont-ils conduits à la gare?

Yes, they have driven me there.
Oui, ils m'y ont conduit.

Have you met your friend in Paris?
Avez-vous retrouvé votre ami à Paris?

Yes, I have met him there.
Oui, je l'y ai retrouvé.

Has your friend met you in Paris?
Votre amie vous a-t-elle retrouvé à Paris?

Yes, she has met me there.
Oui, elle m'y a retrouvé.

Did you drive your friend to the station?

Avez-vous conduit votre ami/amie à la gare?

Yes, I drove him/her there.

Oui, je l'y ai conduit.

Has your friend spoken to you about his vacation?

Votre ami vous a-t-il parlé de ses vacances?

Yes, he has told me about it.

Oui, il m'en a parlé.

Have you left me the address?

M'avez-vous laissé l'adresse?

Yes, I have left you it.

Oui, je vous l'ai laissée.

Have your friends given you the address?

Vos amis vous ont-ils donné l'adresse?

Yes, they have given me it.

Oui, ils me l'ont donnée.

Have you met your friend in Paris?

Avez-vous retrouvé votre ami/amie à Paris?

Yes, I have met him/her there.

Oui, je l'y ai retrouvé.

Have my friends been introduced to you?

Vous a-t-on présenté mes amis?

Yes, they have been introduced to me.

Oui, on me les a présentés.

Have you translated the text for me?

M'avez-vous traduit le texte?

Yes, I have translated it for you.

Oui, je vous l'ai traduit.

Have you sent the package to your friend?

Avez-vous envoyé le paquet à votre ami/amie?

Yes, I have sent it to him/her.

Oui, je le lui ai envoyé.

Have I spoken to you about the transportation matter?

Est-ce que je vous ai parlé de l'affaire de transport?

Yes, you have spoken to me about it.

Oui, vous m'en avez parlé.

Have the bags been taken up to me?

M'a-t-on monté les bagages?

Yes, they have been taken up to you.

Oui, on vous les a montés.

Have I shown you my villa?

Est-ce que je vous ai montré ma villa?

Yes, you have shown it to me.

Oui, vous me l'avez montrée.

Have your friends brought you the letter?

Vos amis vous ont-ils apporté la lettre?

Yes, they have given it to me.

Oui, ils me l'ont apportée.

Did you give the letter to your friends?

Avez-vous donné la lettre à vos amis?

Have you given the letter to your friends?

Avez-vous donné la lettre à vos amis?

Yes, I have given it to them.

Oui, je la leur ai donnée.

Yes, I have given them it.

Oui, je la leur ai donnée.

He had to read the mail; I have taken it up to him at nine o'clock.

Il a dû lire le courrier; je le lui ai monté à neuf heures.

127

She had to read the mail; I took it up to her at nine o'clock.

Elle a dû lire le courrier; je le lui ai monté à neuf heures.

They had to read the letter; I have taken it up to them at nine o'clock.

Ils ont dû lire la lettre; je la leur ai montée à neuf heures.

She had to read the newspapers; I took them up to her at nine o'clock.

Elle a dû lire les journaux; je les lui ai montés à neuf heures.

He had to read the newspapers; I have taken them up to her at nine o'clock.

Il a dû lire les journaux; je les lui ai montés à neuf heures.

They had to read the mail; I took it up to them at nine o'clock.

Elles ont dû lire le courrier; je le leur ai monté à neuf heures.

They had to read the journals; I have taken them up to them at nine o'clock.

Ils ont dû lire les journaux; je les leur ai montés à neuf heures.

You know Miss Lelong; you have been introduced to her last week.

Vous connaissez Mlle Lelong; on vous l'a présentée la semaine dernière.

She knows Mr Lelong; we introduced her to him last week.

Elle connait Monsieur Lelong; on le lui a présenté la semaine dernière.

We know your friends; you introduced them to us last week.

Nous connaissons vos amis; on nous les a présentés la semaine dernière.

I know Miss Lelong; you introduced her to me last week.

Je connais Mlle Lelong; on me l'a présentée la semaine dernière.

She knows Mr and Mrs Lelong; we introduced her to them last week.

Elle connait Monsieur et Madame Lelong; on les lui a présentés la semaine dernière.

You know Mr Lelong; we introduced him to you last week.

Vous connaissez Monsieur Lelong; on vous l'a présenté la semaine dernière.

He knows Janine; we introduced him to her last week.

Il connait Janine; on la lui a présentée la semaine dernière.

We know Roger; you introduced him to us last week.

Nous connaissons Roger; on nous l'a présenté la semaine dernière.

He knows your friends; we introduced him to them last week.

Il connait vos amis; on les lui a présentés la semaine dernière.

She knows Roger; we introduced her to him last week.

Elle connait Roger; on le lui a présenté la semaine dernière.

Roger knows her; we introduced him to her last week.

Roger la connait; on la lui a présentée la semaine dernière.

You know him; we introduced him to you last week.

Vous le connaissez; on vous l'a présenté la semaine dernière.

She knows them; we introduced her to them last week.

Elle les connait; on les lui a présentés la semaine dernière.

We know her; you introduced her to us last week.

Nous la connaissons; on nous l'a présentée la semaine dernière.

I know them; you introduced them to me last week.

Je les connais; on me les a présentés la semaine dernière.

They have asked me for some, but I have not given any to them.

Ils m'en ont demandé, mais je ne leur en ai pas donné.

You have asked me for some, but I have not given any to you.

Vous m'en avez demandé, mais je ne vous en ai pas donné.

She asked me for some, but I have not given any to her.

Elle m'en a demandé, mais je ne lui en ai pas donné.

I have asked you for some, but you have not given any to me.

Je vous en ai demandé, mais vous ne m'en avez pas donné.

They asked us for some, but we have not given any to them.

Ils nous en ont demandé, mais nous ne leur en avons pas donné.

She has asked you for some, but you did not give any to her.

Elle vous en a demandé, mais vous ne lui en avez pas donné.

They have asked me for the number, but I have not given it to them.

Ils m'ont demandé le numéro, mais je ne le leur ai pas donné.

He has asked me for them, but I have not given them to him.

Il me les a demandés, mais je ne les lui ai pas donnés.

I have asked you for them, but you have not given them to me.

Je vous les ai demandés, mais vous ne me les avez pas donnés.

They have asked me for the address, but I have not given it to them.

Elles m'ont demandé l'adresse, mais je ne la leur ai pas donnée.

I asked Janine for the number, but she has not given it to me.

J'ai demandé le numéro à Janine, mais elle ne me l'a pas donné.

She has asked me for your address, but I have not given it to her.

Elle m'a demandé votre adresse, mais je ne la lui ai pas donnée.

He has asked Roger for the number, but he has not given it to him.

Il a demandé le numéro à Roger, mais il ne le lui a pas donné.

We have asked you for some, but you have not given any to us.

Nous vous en avons demandé, mais vous ne nous en avez pas donné.

We have asked you for the number, but you have not given it to us.

Nous vous avons demandé le numéro, mais vous ne nous l'avez pas donné.

They have asked their parents for some, but they have not given any to them.

Elles en ont demandé à leurs parents, mais ils ne leur en ont pas donné.

She has asked us for some, but we have not given any to her.

Elle nous en a demandé, mais nous ne lui en avons pas donné.

We have asked Janine for some, but she has not given any to us.

Nous en avons demandé à Janine, mais elle ne nous en a pas donné.

They have asked me for them, but I have not given them to them.

Ils me les ont demandés, mais je ne les leur ai pas donnés.

They asked you for some, but you did not give any to them.

Elles vous en ont demandé, mais vous ne leur en avez pas donné.

He asked us for them, but we did not give them to him.

Il nous les a demandés, mais nous ne les lui avons pas donnés.

We have asked Roger for the number, but he has not given it to us.

Nous avons demandé le numéro à Roger, mais il ne nous l'a pas donné.

They have been sent to me, but I have not received them.

On me les a envoyés, mais je ne les ai pas reçus.

You have sent them to me, but I did not receive them.

On me les a envoyés, mais je ne les ai pas reçus.

You have sent them to him, but he has not received them.

On les lui a envoyés, mais il ne les a pas reçus.

You have sent them to them, but they have not received them.

On les leur a envoyés, mais ils ne les ont pas reçus.

You have flown them to us, but we have not received them.

On nous les a envolés, mais nous ne les avons pas reçus.

You have sent some to us, but we have not received any.

On nous en a envole, mais nous n'en avons pas reçu.

We have sent some to him, but he has not received any.

On lui en a envoyé, mais il n'en a pas reçu.

We have sent them to you, but you have not received them.

On vous les a envoyés, mais vous ne les avez pas reçus.

They have sent some to me, but I have not received any.

On m'en a envoyé, mais je n'en ai pas reçu.

We have sent them to him, but he has not received them.

On les lui a envoyés, mais il ne les a pas reçus.

We have sent some to them, but they have not received any.

On leur en a envoyé, mais ils n'en ont pas reçu.

We have flown them to them, but they have not received them.

On les leur a envolés, mais ils ne les ont pas reçus.

We have flown some to you, but you have not received any.

On vous en a envole, mais vous n'en avez pas reçu.

We have sent some to him, but he has not received any.

On lui en a envoyé, mais il n'en a pas reçu.

I have not received the letter; have you sent it to me?

Je n'ai pas reçu la lettre; me l'avez-vous envoyée?

We have not received the letter; have you sent it to us?

Nous n'avons pas reçu la lettre; nous l'avez-vous envoyée?

She has not received her tickets; have you sent them to her?

Elle n'a pas reçu ses billets; les lui avez-vous envoyés?

I have not received my tickets; have you sent them to me?

Je n'ai pas reçu mes billets; me les avez-vous envoyés?

He has not received the package; have you sent it to him?

Il n'a pas reçu le paquet; le lui avez-vous envoyé?

He has not received the parcel; have you sent him it?

Il n'a pas reçu le paquet; le lui avez-vous envoyé?

They have not received the tickets; did you send them to them?

Elles n'ont pas reçu les billets; les leur avez-vous envoyés?

She did not receive her ticket; did you send it to her?

Elle n'a pas reçu son billet; le lui avez-vous envoyé?

I have not received my bags/luggage; have you sent them/it to me?

Je n'ai pas reçu mes bagages; me les avez-vous envoyés?

We have not received our tickets; have you sent them to us?

Nous n'avons pas reçu nos billets; nous les avez-vous envoyés?

They have not received the tickets; have you sent them to them?

Ils n'ont pas reçu les billets; les leur avez-vous envoyés?

They did not receive the tickets; did you send them?

Ils n'ont pas reçu les billets; les leur avez-vous envoyés?

I have not received the letter; have you sent it to me?

Je n'ai pas reçu la lettre; me l'avez-vous envoyée?

He has not received his tickets; have you sent them to him?

Il n'a pas reçu ses billets; les lui avez-vous envoyés?

I give them to you.
Je vous les donne.

I am giving them to you.
Je vous les donne.

I am giving you them.
Je vous les donne.

I have given them to you.
Je vous les ai donnés.

I have given you them.
Je vous les ai donnés.

I gave you them.
Je vous les ai donnés.

We send it to you.
On vous l'envoie.

We are sending it to you.
On vous l'envoie.

We have sent it to you.
On vous l'a envoyé.

They are sending it to me.
On me l'envoie.

They sent it to me.
On me l'a envoyé.

They are bringing them to me.
On me les apporte.

They brought me them.
On me les a apportés.

We are bringing you them.
On vous les apporte.

We have brought you them.
On vous les a apportés.

We are taking it up to him.
Nous le lui montons.

We have taken it up to him.
Nous le lui avons monté.

We are leaving it to/for you.
Nous vous le laissons.

We have left it to/for you.
Nous vous l'avons laissé.

You are leaving it to me.
Vous me la laissez.

You have left it to me.
Vous me l'avez laissée.

We are leaving it to them.
Nous la leur laissons.

We are leaving them it.
Nous la leur laissons.

We have left it to them.
Nous la leur avons laissée.

I am bringing them to you.
Je vous les apporte.

I have brought you them.
Je vous les ai apportés.

I am sending it to him.
Je la lui envoie.

I have sent it to him.
Je la lui ai envoyée.

We present it to you.
Nous vous la présentons.

We have presented it to you.
Nous vous l'avons présentée.

You are saying it to me.
Vous me le dites.

You have told me.
Vous me l'avez dit.

I am saying it to them.
Je le leur dis.

I have said it to them.
Je le leur ai dit.

You are saying it to us.
Vous nous le dites.

You have said it to us.
Vous nous l'avez dit.

You are bringing it to him.
Vous le lui apportez.

You have brought it to him.
Vous le lui avez apporté.

132

I leave it to you.
Je vous la laisse.

I have left it to you.
Je vous l'ai laissée.

I am showing the villa to my friends.
Je montre la villa à mes amis.

I am showing it to them.
Je la leur montre.

I have shown the villa to my friends.
J'ai montré la villa à mes amis.

I have shown it to them.
Je la leur ai montrée.

My friends are showing me the villa.
Mes amis me montrent la villa.

My friends are showing me it.
Mes amis me la montrent.

They have sent me the tickets.
Elles m'ont envoyé les billets.

They have sent me them.
Elles me les ont envoyés.

I send the bill to my brother.
J'envoie le billet à mon frère.

I send it to him.
Je le lui envoie.

We are dropping our friends off at the station.
Nous déposons nos amis à la gare.

We are dropping them off there.
Nous les y déposons.

They have left the bags/luggage at the station.
Ils ont laissé les bagages à la gare.

They have left them/it there.
Ils les y ont laissés.

I am driving you to the station.
Je vous conduis à la gare.

I am driving you there.
Je vous y conduis.

She has sent me the date.
Elle m'a envoyé la date.

She sent it to me.
Elle me l'a envoyée.

They are sending the date to their friends.
Elles envoient la date à leurs amis.

They are sending it to them.
Elles la leur envoient.

She has sent the date to her friends.
Elle a envoyé la date à ses amis.

She has sent it to them.
Elle la leur a envoyée.

I am giving you the name of the hotel.
Je vous donne le nom de l'hôtel.

I am giving you it.
Je vous le donne.

We have brought you some books.
On vous a apporté des livres.

We have brought you some.
On vous en a apporté.

He has driven as to the station.
Il nous a conduits à la gare.

He drove us to the station.
Il nous a conduits à la gare.

He has driven us there.
Il nous y a conduits.

I am leaving Janine the address.
Je laisse l'adresse à Janine.

I am leaving her it.
Je la lui laisse.

My friend has sent me some postcards.
Mon ami m'a envoyé des cartes postales.

My friend has sent me some.
Mon ami m'en a envoyé.

We are sending you to Paris.
On vous envoie à Paris.

We are sending you there.
On vous y envoie.

Chapter IX
Chapitre IX

I have introduced my brother to Christiane.
J'ai présenté mon frère à Christiane.

I have introduced him to her.
Je le lui ai présenté.

I have brought you the suitcase.
Je vous ai apporté la valise.

I have brought it to you.
Je vous l'ai apportée.

I have brought you the suitcases.
Je vous ai apporté les valises.

I have brought you them.
Je vous les ai apportées.

They have brought us the bags/luggage.
On nous a apporté les bagages.

They have brought us them/it.
On nous les a apportés.

He has sent you the letter.
Il vous a envoyé la lettre.

When did he send it to me?
Quand me l'a-t-il envoyée?

We have brought you the bags/luggage.
On vous a apporté les bagages.

When did you bring me them/it?
Quand me les a-t-on apportés?

I drove my friends to the station.
J'ai conduit mes amis à la gare.

When did you drive them there?
Quand les y avez-vous conduits?

Roger has told me about his vacation.
Roger m'a parlé de ses vacances.

When did he tell you about it?
Quand vous en a-t-il parlé?

I gave your address to my friend.
J'ai donné votre adresse à mon ami.

When did you give it to him?
Quand la lui avez-vous donnée?

Janine told me about her vacation.
Janine m'a parlé de ses vacances.

When did she tell you about it?
Quand vous en a-t-elle parlé?

Roger has shown me his villa.
Roger m'a montré sa villa.

When did he show you it?
Quand vous l'a-t-il montrée?

Roger has seen me, but he did not mention it to me.
Roger m'a vu, mais il ne m'en a pas parlé.

Why has he not spoken about it to you?
Pourquoi ne vous en a-t-il pas parlé?

I have seen Janine, but I have not told her about it.
J'ai vu Janine, mais je ne le lui ai pas dit.

I have seen Janine, but I have not mentioned it to her.
J'ai vu Janine, mais je ne le lui ai pas dit.

I saw Janine, but I did not mention it to her.
J'ai vu Janine, mais je ne le lui ai pas dit.

Why have you not mentioned it to her?
Pourquoi ne le lui avez-vous pas dit?

Why didn't you mention it to her?
Pourquoi ne le lui avez-vous pas dit?

Janine has called Peter, but she did not speak about it to him.
Janine a téléphoné à Pierre, mais elle ne lui en a pas parlé.

Why has she not spoken to him about it?
Pourquoi ne lui en a-t-elle pas parlé?

Why didn't she speak about it to him?
Pourquoi ne lui en a-t-elle pas parlé?

Why didn't she speak to him about it?
Pourquoi ne lui en a-t-elle pas parlé?

My parents have called me, but they did not say it to me.
Mes parents m'ont téléphoné, mais ils ne me l'ont pas dit.

Why have they not told you it?
Pourquoi ne vous l'ont-ils pas dit?

Why didn't they say it to you?
Pourquoi ne vous l'ont-ils pas dit?

Christiane has phoned her parents, but she has not told them about it.
Christiane a téléphoné à ses parents, mais elle ne leur en a pas parlé.

Why didn't she tell them about it?
Pourquoi ne leur en a-t-elle pas parlé?

We called you, but you didn't speak about it.
On vous a téléphoné, mais on ne vous en a pas parlé.

We have called you, but you have not spoken about it.
On vous a téléphoné, mais on ne vous en a pas parlé.

Why have I not been told about it?
Pourquoi ne m'en a-t-on pas parlé?

Why have you not spoken to me about it?
Pourquoi ne m'en a-t-on pas parlé?

I saw Christiane, but I didn't speak to her about it.
J'ai vu Christiane, mais je ne lui en ai pas parlé.

I have seen Christiane, but I have not spoken to her about it.
J'ai vu Christiane, mais je ne lui en ai pas parlé.

Why didn't you speak to her about it?
Pourquoi ne lui en avez-vous pas parlé?

Why have you not spoken to her about it?
Pourquoi ne lui en avez-vous pas parlé?

My parents called Peter, but they did not tell him.
Mes parents ont téléphoné à Pierre, mais ils ne le lui ont pas dit.

Why didn't they tell him about it?
Pourquoi ne le lui ont-ils pas dit?

My parents have called Peter, but they have not told him.
Mes parents ont téléphoné à Pierre, mais ils ne le lui ont pas dit.

Why have they not spoken to him about it?
Pourquoi ne le lui ont-ils pas dit?

Roger phoned his parents, but he did not tell it to them.
Roger a téléphoné à ses parents mais il ne le leur a pas dit.

Why didn't he tell it to them?
Pourquoi ne le leur a-t-il pas dit?

They have phoned me, but they have not spoken to me about it.
On m'a téléphoné, mais on ne m'en a pas parlé.

Why have they not spoken to you about it?
Pourquoi ne vous en a-t-on pas parlé?

The employee did not give me any forms.
L'employé ne m'a pas donné de fiches.

Why has he not given you some?
Pourquoi ne vous en a-t-il pas donné?

I have not translated the speech for you.
Je ne vous ai pas traduit le discours.

Why have you not translated it for me?
Pourquoi ne me l'avez-vous pas traduit?

The waiter has not brought me the bill.
Le garçon ne m'a pas apporté l'addition.

Why has he not brought you it?
Pourquoi ne vous l'a-t-il pas apportée?

The waiter didn't bring me the bill.
Le garçon ne m'a pas apporté l'addition.

Why didn't he bring you it?
Pourquoi ne vous l'a-t-il pas apportée?

I have not driven my friends to the station.
Je n'ai pas conduit mes amis à la gare.

Why haven't you driven them there?
Pourquoi ne les y avez-vous pas conduits?

The pharmacist has not sold me any medicines.
Le pharmacien ne m'a pas vendu de médicaments.

Why has he/she not sold you any?
Pourquoi ne vous en a-t-il/a-t-elle pas vendu?

Do I tell them it?
Est-ce que je le leur dis?

Do I say it to them?
Est-ce que je le leur dis?

No, don't say it to them.
Non, ne le leur dites pas.

Do I say it to him?
Est-ce que je le lui dis?

No, do not tell him it.
Non, ne le lui dites pas.

Do I send them to you?
Est-ce que je vous les envoie?

No, do not send me them.
Non, ne me les envoyez pas.

Do I bring you some?
Est-ce que je vous en apporte?

No, do not bring me any.
Non, ne m'en apportez pas.

Do I ask them about it?
Est-ce que je leur en demande?

No, do not ask them about it.
Non, ne leur en demandez pas.

Do I show it to them?
Est-ce que je le lui montre?

No, do not show them it.
Non, ne le lui montrez pas.

Do I talk to him about it?
Est-ce que je lui en parle?

No, do not tell him about it.
Non, ne lui en parlez pas.

Do I send it to them?
Est-ce que je le leur envoie?

No, do not send them it.
Non, ne le leur envoyez pas.

Do I ask him about it?
Est-ce que je lui en demande?

No, do not ask him about it.
Non, ne lui en demandez pas.

Do I leave it for him?
Est-ce que je la lui laisse?

No, do not leave him it.
Non, ne la lui laissez pas.

Do I bring them some?
Est-ce que je leur en apporte?

No, do not bring them any.
Non, ne leur en apportez pas.

If they want some, give them some.
S'ils en veulent, donnez-leur en.

If she wants some, give her some.
Si elle en veut, donnez-lui en.

If he does not want any, do not give him any.
S'il n'en veut pas, ne lui en donnez pas.

If he wants them, give them to him.
S'il les veut, donnez-les lui.

If they want it, give it to them.
S'ils le veulent, donnez-le leur.

If she does not want it, do not give it to her.
Si elle ne la veut pas, ne la lui donnez pas.

If they do not want any, do not give them any.
Si elles n'en veulent pas, ne leur en donnez pas.

If she wants it, give it to her.
Si elle la veut, donnez-la lui.

If he wants some, give him some.
S'il en veut, donnez-lui en.

If he does not want them, do not give them to him.
S'il ne les veut pas, ne les lui donnez pas.

If they want some, give them some.
Si elles en veulent, donnez-leur en.

If you can send it to me, send it to me.
Si vous pouvez me l'envoyer, envoyez-le moi.

If you cannot send it to me, don't send it to me.
Si vous ne pouvez pas me l'envoyer, ne me l'envoyez pas.

If we can send some to them, send them some.
Si nous pouvons leur en envoyer, envoyons-leur en.

If you can send me some, send some to me.
Si vous pouvez m'en envoyer, envoyez-m'en.

If you cannot send me any, do not send me any.
Si vous ne pouvez pas m'en envoyer, ne m'en envoyez pas.

If you do not want to give it to her/him, do not give it to her/him.
Si vous ne voulez pas la lui donner, ne la lui donnez pas.

If you cannot drive them there, do not drive them there.
Si vous ne pouvez pas les y conduire, ne les y conduisez pas.

If we cannot bring it to him, we will not bring him it.
Si nous ne pouvons pas la lui apporter, ne la lui apportons pas.

If you can leave me them, leave them to me.
Si vous pouvez me les laisser, laissez-les moi.

If you want to buy us some, buy us some.
Si vous voulez nous en acheter, achetez-nous en.

If you do not want to talk to them about it, do not talk about it to them.
Si vous ne voulez pas leur en parler, ne leur en parlez pas.

If we do not have time to translate it for him/her, we will not translate it for him/her.
Si nous n'avons pas le temps de la lui traduire, ne la lui traduisons pas.

If you want to translate them for me, translate them for me.

Si vous voulez me les traduire, traduisez-les moi.

If you do not want to introduce them to me, do not introduce them to me.

Si vous ne voulez pas me les présenter, ne me les présentez pas.

If you want to take us up some, take us up some.

Si vous voulez nous en monter, montez-nous en.

If you do not want to bring us some, do not bring us some.

Si vous ne voulez pas nous en apporter, ne nous en apportez pas.

If you do not want to say it to me, do not say it to me.

Si vous ne voulez pas me le dire, ne me le dites pas.

If we have the time to translate them for him, we will translate them for him.

Si nous avons le temps de les lui traduire, traduisons-les lui.

If you want to talk to me about it, talk to me about it.

Si vous voulez m'en parler, parlez-m'en.

If you can find us some, find us some.

Si vous pouvez nous en trouver, trouvez-nous en.

Have you some news from your brother?

Avez-vous des nouvelles de votre frère?

Have you any good news about your brother?

Avez-vous de bonnes nouvelles de votre frère?

Do you have some models in brown?

Avez-vous des modèles en marron?

Do you have any other models in brown?

Avez-vous d'autres modèles en marron?

Do you have a big package?

Est-ce que vous avez de gros colis?

Do you have large suitcases?

Est-ce que vous avez de grosses valises?

Do you have old newspapers?

Est-ce que vous avez de vieux journaux?

Do you have any other packages?

Est-ce que vous avez d'autres paquets?

Do you have good books?

Est-ce que vous avez de bons livres?

Do you have good cigarettes?

Est-ce que vous avez de bonnes cigarettes?

Do you have any postcards?

Est-ce que vous avez de jolies cartes postales?

Do you have any old clothes?

Est-ce que vous avez de vieux vêtements?

Do you have any new plates?

Est-ce que vous avez de nouvelles assiettes?

Do you have any cream?

Est-ce que vous avez de la crème?

Do you have any water?

Est-ce que vous avez de l'eau?

Do you have any meat?

Est-ce que vous avez de la viande?

Do you have any mineral water?

Est-ce que vous avez de l'eau minérale?

Do you have any pretty flowers?

Est-ce que vous avez de jolies fleurs?

Do you have any beautiful stamps?

Est-ce que vous avez de beaux timbres?

Do you have any good memories?
Est-ce que vous avez de bons souvenirs?

Do you have any good souvenirs?
Est-ce que vous avez de bons souvenirs?

Do you have a lot of money?
Est-ce que vous avez beaucoup d'argent?

Do you drink coffee in the morning?
Est-ce que vous buvez du café le matin?

Yes, I drink coffee in the morning.
Oui, je bois du café le matin.

No, I do not drink coffee in the morning.
Non, je ne bois pas de café le matin.

No, I never drink coffee.
Non, je ne bois jamais de café.

Do you have a lot of money?
Est-ce que vous avez beaucoup d'argent?

Do you have a lot of jewellery?
Est-ce que vous avez beaucoup de bijoux?

Do you have a lot of gold?
Est-ce que vous avez beaucoup d'or?

Have you found a watch?
Est-ce que vous avez trouvé une montre?

Have you found a wallet?
Est-ce que vous avez trouvé un porte-monnaie?

Have you found a necklace?
Est-ce que vous avez trouvé un collier?

Do you have a book in English?
Est-ce que vous avez un livre en anglais?

Do you have some books in French?
Est-ce que vous avez des livres en français?

Do you have a house?
Est-ce que vous avez une maison?

Do you have a bicycle?
Est-ce que vous avez un vélo?

Do you have a menu?
Est-ce que vous avez un menu?

Have you read this French book?
Est-ce que vous avez lu ce livre en français?

Have you had some challenging experiences?
Est-ce que vous avez eu des expériences difficiles?

Have you decided to sell the car?
Est-ce que vous avez décidé de vendre la voiture?

Have you decided to buy the apartment?
Est-ce que vous avez décidé d'acheter l'appartement?

Do you have a room?
Est-ce que vous avez une chambre?

Do you have a room on the third floor?
Est-ce que vous avez une chambre au troisième étage?

Do you have a family room on the first floor?
Est-ce que vous avez une chambre familiale au premier étage?

Do you have a nice room on the ground floor?
Est-ce que vous avez une belle chambre au rez-de-chaussée?

Do you have the same thing in red?
Est-ce que vous avez la même chose en rouge?

Is breakfast included in the price?
Est-ce que le petit déjeuner est inclus dans le prix?

Is transportation included in the price?
Est-ce que le transport est inclus dans le prix?

Is delivery included in the price?
Est-ce que la livraison est incluse dans le prix?

Delivery is not included in the price.
La livraison n'est pas incluse dans le prix.

Do you have some information?
Est-ce que vous avez quelques informations?

Do you have some children at school?
Est-ce que vous avez des enfants à l'école?

Have you chosen?
Est-ce que vous avez choisi?

Have you eaten?
Est-ce que vous avez mangé?

What is it that you have lost?
Qu'est-ce que vous avez perdu?

What have you found?
Qu'est-ce que vous avez trouvé?

What is it that you have to buy?
Qu'est-ce que vous avez à acheter?

What do you have to sell?
Qu'est-ce que vous avez à vendre?

What is it that you have to tell me?
Qu'est-ce que vous avez à me dire?

What have you ordered?
Qu'est-ce que vous avez commandé?

What is it that you have done?
Qu'est-ce que vous avez fait?

What is it that they have done?
Qu'est-ce qu'ils ont fait?

They have found large suitcases.
Ils ont trouvé de grosses valises.

They have found the large suitcases.
Ils ont trouvé les grosses valises.

They have found old newspapers.
Ils ont trouvé de vieux journaux.

They have found the old newspapers.
Ils ont trouvé les vieux journaux.

They have found good books.
Ils ont trouvé de bons livres.

They have found the small tables.
Ils ont trouvé les petites tables.

They have found good seats.
Ils ont trouvé de bonnes places.

They have found the new journals.
Ils ont trouvé les nouvelles revues.

They have found the other records.
Ils ont trouvé les autres fiches.

They have found other models.
Ils ont trouvé d'autres modèles.

There is the beautiful hotel.
Voilà le bel hôtel.

There are the beautiful hotels.
Voilà les beaux hôtels.

There is a beautiful hotel.
Voilà un bel hôtel.

There are some excellent hotels.
Voilà de beaux hôtels.

There are some fine horses.
Voilà de beaux chevaux.

This is good news.
Voilà une bonne nouvelle.

That is good news.
Voilà de bonnes nouvelles.

There is the scenic road.
Voilà la belle route.

There are the scenic roads.
Voilà les belles routes.

There is another suitcase.
Voilà une autre valise.

There are other suitcases.
Voilà d'autres valises.

There is a good restaurant.
Voilà un bon restaurant.

There are good restaurants.
Voilà de bons restaurants.

There is the old store.
Voilà le vieux magasin.

There are the old stores.
Voilà les vieux magasins.

There is an old store.
Voilà un vieux magasin.

There are old stores.
Voilà de vieux magasins.

There is a big store.
Voilà un grand magasin.

There are department stores.
Voilà de grands magasins.

There is a beautiful model.
Voilà un beau modèle.

There are beautiful models.
Voilà de beaux modèles.

There is the big bed.
Voilà le grand lit.

There are the large beds.
Voilà les grands lits.

There is a pretty woman.
Voilà une jolie femme.

There are pretty women.
Voilà de jolies femmes.

There is a large size.
Voilà une grande pointure.

There are large sizes.
Voilà de grandes pointures.

Are the hairs blond?
Les cheveux sont-ils blonds?

Yes, they are blond hairs.
Oui, ce sont des cheveux blonds.

Are the dresses short?
Les robes sont-elles courtes?

Yes, they are some short dresses.
Oui, ce sont des robes courtes.

Are the dresses expensive?
Les robes sont-elles chères?

Yes, they are some expensive dresses.
Oui, ce sont des robes chères.

Are the dresses pretty?
Les robes sont-elles jolies?

Yes, they are pretty dresses.
Oui, ce sont de jolies robes.

They are pens?
Ce sont des styles?

No, they are not pens.
No, ce ne sont pas des styles.

It is my house.
C'est ma maison.

It is mine.
C'est la mienne.

They are my apartments.
Ce sont mes appartements.

They are mine.
Ce sont les miens.

They are my flowers.
Ce sont mes fleurs.

They are mine.
Ce sont les miennes.

They are things that happen.
Ce sont des choses qui arrivent.

That does happen sometimes.
Ce sont des choses qui arrivent parfois.

These things do happen.
Ce sont des choses qui arrivent.

Unfortunately, these things happen.
Malheureusement, ce sont des choses qui arrivent.

This is something that happens from time to time.
Ce sont des choses qui arrivent de temps en temps.

This is something that happens from time to time.
Ce sont des choses qui arrivent de temps à autre.

They are things that happen all the time.
Ce sont des choses qui arrivent tout le temps.

They are things that happen in real life.
Ce sont des choses qui arrivent dans la vie réelle.

These are the facts.
Ce sont les faits.

The news is bad?
Les nouvelles sont-elles mauvaises?

Yes, it is bad news.
Oui, ce sont de mauvaises nouvelles.

Are the cars new?
Les autos sont-elles neuves?

Yes, these are some new cars.
Oui, ce sont des autos neuves.

Are the cars old?
Les autos sont-elles vieilles?

Yes, they are old cars.
Oui, ce sont de vieilles autos.

The parcels are registered?
Les colis sont-ils recommandés?

Yes, they are (some) registered parcels.
Oui, ce sont des colis recommandés.

Are the parcels big?
Les colis sont-ils gros?

Yes, they are big parcels.
Oui, ce sont de gros colis.

The planes are new?
Les avions sont-ils nouveaux?

Yes, they are new aircraft.
Oui, ce sont de nouveaux avions.

Are the tables small?
Les tables sont-elles petites?

Yes, they are small tables.
Oui, ce sont de petites tables.

Are the books expensive?
Les livres sont-ils chers?

Yes, they are (some) expensive books.
Oui, ce sont des livres chers.

The books are good?
Les livres sont-ils bons?

Yes, they are good books.
Oui, ce sont de bons livres.

Are the plates beautiful?
Les assiettes sont-elles belles?

Yes, they are beautiful plates.
Oui, ce sont de belles assiettes.

Are the towels white?
Les serviettes sont-elles blanches?

Yes, they are (some) white towels.
Oui, ce sont des serviettes blanches.

The maid will take you there.
La femme de chambre va vous y conduire.

Tell me that we are going to the cafe.
Dites-moi que nous allons au café.

Tell me that we do not have a problem.
Dites-moi que nous n'avons pas un problème.

Tell me that I am wrong.
Dites-moi que j'ai tort.

Tell me that I have made a mistake.
Dites-moi que j'ai fait une erreur.

I made a mistake on the form.
J'ai fait une erreur sur le formulaire.

(lit.) Is it that I have made a mistake?
Est-ce que j'ai fait une erreur?

Have I made a mistake?
Est-ce que j'ai fait une erreur?

What am I doing wrong?
Est-ce que j'ai fait une erreur?

Tell me why you have asked for a second opinion.
Dites-moi pourquoi vous avez demandé un deuxième avis.

Tell me, who has written this letter.
Dites-moi, qui a écrit cette lettre.

Tell me the number on the blackboard.
Dites-moi le nombre sur le tableau noir.

Tell me the word on the blackboard.
Dites-moi le mot sur le tableau noir.

Tell me the page number.
Dites-moi le numéro de page.

Tell me, is it that someone is stopping you?
Dites-moi, est-ce que quelqu'un vous empêche?

Tell me the truth.
Dites-moi la vérité.

Tell me if you still have pain.
Dites-moi si vous avez encore de la douleur.

Tell me, my dear child (m.).
Dites-moi, mon cher enfant.

Tell me, my dear child (f.).
Dites-moi, ma chère enfant.

Tell me something that I do not know already.
Dites-moi quelque chose que je ne sais pas encore.

Tell me what you see.
Dites-moi ce que vous voyez.

Tell me all that you know about France.
Dites-moi tout ce que vous savez sur la France.

What does this word mean?
Que veut dire ce mot?

What does this word mean?
Que signifie ce mot?

What does this word mean?
Qu'est-ce que ce mot veut dire?

What does the word actually mean?
Que signifie le mot signifie réellement?

What does the word really mean?
Que signifie le mot signifie vraiment?

What do you want to say?
Que voulez-vous dire?

What do you mean?
Que voulez-vous dire?

What do you want to say to everyone?
Que voulez-vous dire à tout le monde?

What do you want to say to the world?
Que voulez-vous dire au monde?

What do you want to say and how do you want to say it?
Que voulez-vous dire et comment voulez-vous le dire?

What do you mean by that?
Qu'entendez-vous par là?

What do you mean by 'problem'?
Qu'entendez-vous par 'problème'?

What do you mean by 'issue'?
Qu'entendez-vous par 'problème'?

What does that mean?
Qu'est-ce que cela veut dire?

Can you tell me what that means?
Pouvez-vous me dire ce que cela veut dire?

All customers are saying the same thing.
Tous les clients disent la même chose.

All the clients say different things.
Tous les clients disent des choses différentes.

Do not read the lesson.
Ne lisez pas la leçon.

They are building a road.
Ils construisent une route.

They are constructing a grand coalition.
Ils construisent une grande coalition.

They are constructing a network.
Ils construisent un réseau.

They are building their capacity.
Ils construisent leur capacité.

They are building the institutions and the economy of the state.
Ils construisent les institutions et l'économie de l'État.

They are constructing a new state.
Ils construisent un nouvel Etat.

They are building the institutions of a new state.
Ils construisent les institutions d'un nouvel État.

They are constructing some luxury homes.
Ils construisent des maisons de luxe.

They are building a bridge.
Ils construisent un pont.

They are building a new factory.
Ils construisent une nouvelle usine.

They are building a new life.
Ils construisent une nouvelle vie.

They are building a magnificent palace in the desert.
Ils construisent un palais magnifique dans le désert.

They are building a cabin in the mountains.
Ils construisent une cabane dans les montagnes.

They are building a little hut on the beach.
Ils construisent une petite hutte sur la plage.

They are building a shack in the forest.
Ils construisent une baraque dans la forêt.

The structure they are building is magnificent.
La structure qu'ils construisent est magnifique.

I am destroying these old books.
Je détruis ces vieux livres.

I destroy in order to create.
Je détruis pour créer.

I destroy your ignorance.
Je détruis votre ignorance.

I destroy their ignorance.
Je détruis leur ignorance.

I destroy the darkness.
Je détruis l'obscurité.

I destroy the darkness of your ignorance.
Je détruis l'obscurité de votre ignorance.

I destroy your weaknesses.
Je détruis vos faiblesses.

You are destroying our health.
Vous détruisez notre santé.

You are destroying my happiness.
Vous détruisez mon bonheur.

You are destroying democracy.
Vous détruisez la démocratie.

You are destroying their freedom.
Vous détruisez leur liberté.

You are destroying my sanity.
Vous détruisez ma santé mentale.

You are destroying the planet.
Vous détruisez la planète.

France is introducing new wines in America.
La France introduit de nouveaux vins en Amérique.

France has introduced a new tax.
La France a introduit une nouvelle taxe.

France has introduced electronic voting.
La France a introduit le vote électronique.

France has recently introduced immigration reform.
France a récemment introduit une réforme de l'immigration.

We produce two hundred cars per day.
Nous produisons deux cents autos par jour.

We produce our own food.
Nous produisons notre propre nourriture.

We produce large quantities of coffee.
Nous produisons de grandes quantités de café.

We produce large amounts of wine.
Nous produisons de grandes quantités de vin.

We manufacture a large range of cars.
Nous fabriquons une large gamme de voitures.

We develop a wide range of scenarios.
Nous développons une large gamme de scénarios.

They develop a wide range of tests.
Ils développent une large gamme de tests.

They manufacture a wide range of products.
Ils fabriquent une vaste gamme de produits.

We offer a wide range of services.
Nous offrons une large gamme de services.

They offer a vast range of services.
Ils offrent une vaste gamme de services.

Are you translating the letter into French?
Traduisez-vous la lettre en français?

Are you translating this book into English?
Traduisez-vous ce livre en anglais?

Which/what books are you translating?
Quels livres vous traduisez?

I am translating some novels.
Je traduis quelques romans.

(lit.) What is it that he is saying?
Qu'est-ce qu'il dit?

What is he saying?
Qu'est-ce qu'il dit?

What is she saying?
Qu'est-ce qu'elle dit?

What is he driving?
Qu'est-ce qu'il conduit?

What is he translating?
Qu'est-ce qu'il traduit?

What is he producing?
Qu'est-ce qu'il produit?

What is she building?
Qu'est-ce qu'elle construit?

What is he reading?
Qu'est-ce qu'il lit?

What is he destroying?
Qu'est-ce qu'il détruit?

What is she introducing?
Qu'est-ce qu'elle introduit?

They are building something else.
Ils construisent quelque chose d'autre.

They are driving something else.
Ils conduisent quelque chose d'autre.

They are saying something else.
Ils disent quelque chose d'autre.

They are reading something else.
Ils lisent quelque chose d'autre.

They are destroying something else.
Ils détruisent quelque chose d'autre.

They are introducing something else.
Ils introduisent quelque chose d'autre.

They are producing something else.
Ils produisent quelque chose d'autre.

They are translating something else.
Ils traduisent quelque chose d'autre.

She wants to do something else.
Elle veut faire quelque chose d'autre.

He is thinking of something else.
Il pense à quelque chose d'autre.

I need something else.
J'ai besoin de quelque chose d'autre.

Something else is needed.
Quelque chose d'autre est nécessaire.

It means something else.
Cela signifie quelque chose d'autre.

Do you know what he is saying?
Savez-vous ce qu'il dit?

Do you know what they are saying?
Savez-vous ce qu'ils disent?

Do you know what he is translating?
Savez-vous ce qu'il traduit?

Do you know what they are translating?
Savez-vous ce qu'ils traduisent?

Do you know what she is reading?
Savez-vous ce qu'elle lit?

Do you know what they are reading?
Savez-vous ce qu'ils lisent?

Do you know what he is destroying?
Savez-vous ce qu'il détruit?

Do you know what they are destroying?
Savez-vous ce qu'ils détruisent?

Does one drive them in this area?
Les conduit-on dans ce quartier?

Do they drive them in this suburb?
Les conduisent-ils dans ce quartier?

Does one build them in this neighbourhood?
Les construit-on dans ce quartier?

Do they build them in this quarter?
Les construisent-ils dans ce quartier?

Does one produce them in this district?
Les produit-on dans ce quartier?

Do they produce them in this neighbourhood?
Les produisent-ils dans ce quartier?

Does one destroy them in this neighbourhood?
Les détruit-on dans ce quartier?

Do they destroy them in this neighbourhood?
Les détruisent-ils dans ce quartier?

Do you not drive them?
Ne les conduisez-vous pas?

Do you not finish them?
Ne les finissez-vous pas?

Do we not finish them?
Ne les finissons-nous pas?

Do we not translate them?
Ne les traduisons-nous pas?

Do we not fill them?
Ne les remplissons-nous pas?

Do you not fill them?
Ne les remplissez-vous pas?

Do you not translate them?
Ne les traduisez-vous pas?

Do you not drive them?
Ne les conduisez-vous pas?

Do you not read them?
Ne les lisez-vous pas?

Do we not finish them?
Ne les finissons-nous pas?

Do we not read them?
Ne les lisons-nous pas?

Do we not choose them?
Ne les choisissons-nous pas?

Do we not destroy them?
Ne les détruisons-nous pas?

Do you not finish them?
Ne les finissez-vous pas?

Do you not destroy them?
Ne les détruisez-vous pas?

I am saying that it is not worth it.
Je dis que ce n'est pas la peine.

I am saying that it is not worth the trouble.
Je dis que ce n'est pas la peine.

I say that it is not worth the hassle.
Je dis que ce n'est pas la peine.

Janine says that it is not worth the trouble.
Janine dit que ce n'est pas la peine.

You say that it is not worth the bother.
Vous dites que ce n'est pas la peine.

They say it is not worth the effort.
On dit que ce n'est pas la peine.

My friends say it is not worth the trouble.
Mes amis disent que ce n'est pas la peine.

We are saying it is not worth the trouble.
Nous disons que ce n'est pas la peine.

You say it is not worth the drama.
Vous dites que ce n'est pas la peine.

She is saying that it is not worth the hassle.
Elle dit que ce n'est pas la peine.

They are saying it is not worth the trouble.
Elles disent que ce n'est pas la peine.

Do they read another text?
Lisent-ils un autre texte?

Do they produce another text?
Produisent-ils un autre texte?

Is he translating another text?
Traduit-il un autre texte?

Are they bringing in another text?
Introduisent-ils un autre texte?

Is he producing another text?
Produit-il un autre texte?

Is she reading another text?
Lit-elle un autre texte?

Are they translating another text?
Traduisent-ils un autre texte?

Is he bringing in another text?
Introduit-il un autre texte?

What do they produce?
Que produisent-ils?

What are they saying?
Que disent-ils?

What are they saying to their customers?
Que disent-ils à leurs clients?

What are they saying to us?
Que nous disent-ils?

What are they saying to you?
Que vous disent-ils?

What do they choose?
Que choisissent-ils?

What are they choosing?
Que choisissent-ils?

What will they choose?
Que choisiront-ils?

What will it be?
Que choisiront-ils?

What would they choose?
Que choisiraient-ils?

What are they fulfilling?
Que remplissent-ils?

What are they completing?
Que remplissent-ils?

What are they filling?
Que remplissent-ils?

What are they reading?
Que lisent-ils?

What do they read?
Que lisent-ils?

What are they finishing?
Que finissent-ils?

What are they destroying?
Que détruisent-ils?

What do they produce?
Que produisent-ils?

What are they creating?
Que créent-ils?

What are they making?
Que font-ils?

What do they make?
Que font-ils?

What do they do?
Que font-ils?

What do they do well?
Que font-ils bien?

What do they do less well?
Que font-ils moins bien?

What are they not so good at?
Que font-ils moins bien?

He drives too fast.
Elle conduit trop vite.

They drive too fast.
Ils conduisent trop vite.

He reads a lot.
Il lit beaucoup.

They read a lot.
Ils lisent beaucoup.

It finishes at five o'clock.
Elle finit à cinq heures.

They finish at five o'clock.
Ils finissent à cinq heures.

He is building another building.
Il construit un autre immeuble.

They are constructing another building.
Ils construisent un autre immeuble.

She chooses good vegetables.
Elle choisit de bons légumes.

They choose good vegetables.
Ils choisissent de bons légumes.

He is introducing a new book.
Il introduit un nouveau livre.

They are bringing in a new book.
Ils introduisent un nouveau livre.

It produces very little.
Il produit très peu.

They produce very little.
Ils produisent très peu.

She fills in some forms.
Elle remplit des fiches.

They fill in some forms.
Ils remplissent des fiches.

I say it very firmly.
Je le dis très fermement.

I say it with some regret.
Je le dis avec un certain regret.

I say it with deep regret.
Je le dis avec un profond regret.

I say it with great regret.
Je le dis avec beaucoup de regret.

I say it here in this room.
Je le dis ici dans cette salle.

I say it one more time.
Je le dis une fois de plus.

I say it to my colleagues.
Je le dis à mes collègues.

I say it to my friends.
Je le dis à mes amis.

I say it to my family.
Je le dis à ma famille.

I say it to everyone.
Je le dis à tout le monde.

You know that I say it.
Vous savez que je le dis.

I say it without resentment.
Je le dis sans ressentiment.

I say so with conviction.
Je le dis avec conviction.

I say it again.
Je le répète.

I say so again.
Je le dis à nouveau.

I say it to you once more.
Je vous le dis une fois de plus.

I say it to your heart.
Je le dis à votre cœur.

I say it with love.
Je le dis avec amour.

I say it without malice.
Je le dis sans malice.

Chapter X
Chapitre X

They are not satisfied and they say it/so.
Ils ne sont pas satisfaits et ils le disent.

They are not satisfied with the design.
Ils ne sont pas satisfaits de la conception.

They are not satisfied with your proposition.
Ils ne sont pas satisfaits de votre proposition.

They are not satisfied with the situation.
Ils ne sont pas satisfaits de la situation.

They are not satisfied with the process.
Ils ne sont pas satisfaits du processus.

They are not satisfied with their car.
Ils ne sont pas satisfaits de leur voiture.

They are not satisfied with their job.
Ils ne sont pas satisfaits de leur emploi.

I am not satisfied and I say so/it.
Je ne suis pas satisfait et je le dis.

I am not satisfied with your answers.
Je ne suis pas satisfait de vos réponses.

I am not satisfied with your remarks.
Je ne suis pas satisfait de vos remarques.

I am not satisfied with your performance.
Je ne suis pas satisfait de votre performance.

I am not satisfied with our response.
Je ne suis pas satisfait de notre réponse.

You are not satisfied and you say so.
Vous n'êtes pas satisfaite et vous le dites.

We are not satisfied and we say it.
On n'est pas satisfait et on le dit.

He is not satisfied and he says so.
Il n'est pas satisfait et il le dit.

We are not satisfied and we say it.
Nous ne sommes pas satisfaits et nous le disons.

The manager is not happy and he says so.
Le gérant n'est pas satisfait et il le dit.

The manager is not happy and she is saying so.
La gérante n'est pas satisfaite et elle le dit.

You are not satisfied and you are saying so.
Vous n'êtes pas satisfait et vous le dites.

We finish earlier because we are driving her to the station.
Nous finissons plus tôt parce que nous la conduisons à la gare.

I finish earlier because I am driving her to the station.
Je finis plus tôt parce que je la conduis à la gare.

Mr Ferrier finishes earlier because he is driving her to the station.
Monsieur Ferrier finit plus tôt parce qu'il la conduit à la gare.

We finish earlier because we are driving her to the train station.
On finit plus tôt parce qu'on la conduit à la gare.

You finish up sooner because you are taking her to the station.
Vous finissez plus tôt parce que vous la conduisez à la gare.

They finish earlier because they are driving her to the station.
Elles finissent plus tôt parce qu'elles la conduisent à la gare.

He finishes earlier because he is driving her to the station.
Il finit plus tôt parce qu'il la conduit à la gare.

I have translated many documents.
J'ai traduit de nombreux documents.

I have translated a lot of books.
J'ai traduit beaucoup de livres.

I have translated similar documents.
J'ai traduit des documents similaires.

I am translating French text.
Je traduis le texte français.

I have understood correctly.
J'ai bien compris.

I have translated successfully.
J'ai traduit correctement.

I have translated properly.
J'ai bien traduit.

I have translated well.
J'ai bien traduit.

I do not know if I have translated it correctly or not.
Je ne sais pas si je l'ai traduit correctement ou non.

Have I understood correctly?
Ai-je bien compris?

Have I translated properly?
Ai-je bien traduit?

Have I correctly translated the letter?
Ai-je bien traduit la lettre?

Have I correctly understood your thoughts?
Ai-je bien compris vos pensées?

Have I correctly translated this text?
Ai-je bien traduit ce texte?

The French text has not been translated correctly.
Le texte français n'a pas été traduit correctement.

The English text has been translated accurately.
Le texte anglais a été traduit avec précision.

Each text will be translated properly.
Chaque texte sera traduit correctement.

All documents will be translated accurately.
Tous les documents seront traduits avec précision.

I have translated my notes into French.
J'ai traduit mes notes en français.

I have translated his/her reports into English.
J'ai traduit ses rapports en anglais.

I have translated his/her book into German.
J'ai traduit son livre en allemand.

I do not know if I translated this letter well.
Je ne sais pas si j'ai bien traduit cette lettre.

I have translated it into French and Spanish.
Je l'ai traduit en français et en espagnol.

You do not know if you have translated this letter properly.
Vous ne savez pas si vous avez bien traduit cette lettre.

They do not know if they have accurately translated this letter.
Elles ne savent pas si elles ont bien traduit cette lettre.

We do not know if we have correctly translated this letter.
On ne sait pas si on a bien traduit cette lettre.

He does not know if he has translated the letter correctly.
Il ne sait pas s'il a bien traduit cette lettre.

We do not know if we have effectively translated this letter.

Nous ne savons pas si nous avons bien traduit cette lettre.

My secretary does not know if she has properly translated this letter.

Ma secrétaire ne sait pas si elle a bien traduit cette lettre.

I have a book.

J'ai un livre.

I have not read it yet.

Je n'ai pas encore lu.

I have your book.

J'ai votre livre.

I have not yet read it.

Je n'ai pas encore lu.

I have not read it yet.

Je n'ai pas encore lu.

I have yet to read it.

Je n'ai pas encore lu.

She has chosen this book, but she has not read it yet.

Elle a pris ce livre, mais elle ne l'a pas encore lu.

He has selected this book, but he has not yet read it.

Il a pris ce livre, mais il ne l'a pas encore lu.

I have received this book, but I have not yet read it.

J'ai pris ce livre, mais je ne l'ai pas encore lu.

You have chosen this book, but you have not yet read it.

Vous avez pris ce livre, mais vous ne l'avez pas encore lu.

Janine has selected this book, but she is yet to read it.

Janine a pris ce livre, mais elle ne l'a pas encore lu.

The children have taken this book, but they have not yet read it.

Les enfants ont pris ce livre, mais ils ne l'ont pas encore lu.

We chose this book, but we have not yet read it.

Nous avons pris ce livre, mais nous ne l'avons pas encore lu.

They selected this book, but they are yet to read it.

Elles ont pris ce livre, mais elles ne l'ont pas encore lu.

Am I driving Janine into town today?

Est-ce que je conduis Janine en ville aujourd'hui?

No, you are not driving her there.

Non, vous ne l'y conduisez pas.

Is he driving Janine into town today?

Est-ce qu'il conduit Janine en ville aujourd'hui?

No, he is not driving her there.

Non, il ne l'y conduit pas.

Are they driving Janine into town today?

Est-ce qu'elles conduisent Janine en ville aujourd'hui?

No, they are not driving her there.

Non, elles ne l'y conduisent pas.

Are you driving Janine into town today?

Est-ce que vous conduisez Janine en ville aujourd'hui?

No, I am not driving her there.

Non, je ne l'y conduis pas.

They say that they are introducing a new model.

Ils disent qu'ils introduisent un nouveau modèle.

I say that I am introducing a new model.

Je dis que j'introduis un nouveau modèle.

You say you are introducing a new model.

Vous dites que vous introduisez un nouveau modèle.

They say they are introducing a new model.

On dit qu'on introduit un nouveau modèle.

She says that she is introducing a new model.

Elle dit qu'elle introduit un nouveau modèle.

We say that we are introducing a new model.

Nous disons que nous introduisons un nouveau modèle.

They say that they are introducing a new model.

Elles disent qu'elles introduisent un nouveau modèle.

He says that he is introducing a new model.

Il dit qu'il introduit un nouveau modèle.

Do you drive your wife to the store?

Conduisez-vous votre femme au magasin?

Yes, I drive her there.

Oui, je l'y conduis.

Do you drive your husband to the shop?

Conduisez-vous votre mari au magasin?

Yes, I drive him there.

Oui, je l'y conduis.

Do I translate this letter?

Est-ce que je traduis cette lettre?

Yes, you translate it.

Oui, vous la traduisez.

Did they say that to you?

Vous a-t-on dit ça?

Yes, they said it to me.

Oui, on me l'a dit.

Is there a lot of construction in that area?

Est-ce qu'on construit beaucoup dans ce quartier?

Yes, there is a lot of construction there.

Oui, on y construit beaucoup.

Does he read a lot?

Lit-il beaucoup?

Yes, he reads a lot.

Oui, il lit beaucoup.

Have you read the sports section?

Avez-vous lu la rubrique sportive?

Yes, I have read it.

Oui, je l'ai lue.

Do I destroy these old tickets?

Est-ce que je détruis ces vieux billets?

Yes, you destroy them.

Oui, vous les détruisez.

Is sugar produced in your region?

Produit-on du sucre dans cette région?

Yes, it is produced.

Oui, on en produit.

Have we introduced this model recently?

Est-ce qu'on a introduit ce modèle depuis peu?

Yes, we have introduced it recently.

Oui, on l'a introduit depuis peu.

Yes, we have recently introduced it.

Oui, on l'a introduit depuis peu.

Do you read French well?

Lisez-vous bien le français?

Yes, I read it well.
Oui, je le lis bien.

Are they constructing some buildings in this street?
Construit-on des immeubles dans cette rue?

Yes, they are constructing some.
Oui, on en construit.

Are some buildings being constructed in this street?
Construit-on des immeubles dans cette rue?

Yes, some are being constructed.
Oui, on en construit.

Dialogue:
Dialogue:

Roger looks at a young blonde woman and shows her to Peter.
Roger regarde une jeune femme blonde et la montre à Pierre.

He finds her pretty, but too big.
Celui-ci la trouve jolie mais trop grande.

Roger thinks he has seen her before; he cannot remember where.
Roger croit l'avoir déjà vue, il ne sait plus où.

Peter considers that she looks to be Italian.
Pierre trouve qu'elle a l'air d'être italienne.

Roger would like to make her acquaintance, but introducing himself is not going to happen.
Roger aimerait bien faire sa connaissance, mais se présenter seul, ça ne se fait pas.

Roger: Have you seen that young woman?
Roger: Avez-vous vu cette jeune femme?

Peter: Which young woman? The one who is wearing a black coat?
Peter: Quelle jeune femme? Celle qui porte un manteau noir?

Roger: No, the blonde-haired woman who is next to the door.
Roger: Non, la blonde qui est à côté de la porte.

Peter: Ah! Yes, I see. She is very pretty, but a little too large.
Peter: Ah! Oui, je vois. Elle est très jolie, mais un peu trop grande.

Roger: I have seen her somewhere before, but I do not know where.
Roger: Je l'ai déjà vue quelque part, mais je ne sais plus où.

Peter: She appears to be Italian, don't you think?
Peter: Elle a l'air d'être italienne, vous ne trouvez pas?

Roger: Yes, you are right. I would really like to make her acquaintance.
Roger: Si, vous avez raison. J'aimerais bien faire sa connaissance.

Peter: Go and introduce yourself.
Peter: Allez vous présenter.

Roger: You are going too far; it is not happening.
Roger: Vous exagérez, ça ne se fait pas.

Dialogue:
Dialogue:

Mr Perrier asks Mr Lelong to slow down.
Monsieur Perrier demande à Monsieur Lelong de ralentir.

He needs to look at the numbers.
Il faut qu'il regarde les numéros.

This is not the first time he has gone to these people's place, but he has always gone there with Roger, and he did not pay attention.

Ce n'est pas la première fois qu'il va chez ces gens, mais il y est toujours allé avec Roger et il n'a pas fait attention.

Perrier: You do not want to slow down a bit?

Perrier: Vous ne voudriez pas ralentir un peu?

Lelong: Sure. Are we almost there?

Lelong: Si. Est-ce que nous arrivons?

Perrier: I think so, but I am not sure of it. I must look at the numbers.

Perrier: Je crois que oui, mais je n'en suis pas sûr. Il faut que je regarde les numéros.

Lelong: Is this the first time you are going to their place?

Lelong: C'est la première fois que vous allez chez eux?

Perrier: No, but I have always gone there with Roger.

Perrier: Non, mais j'y suis toujours allé avec Roger.

Lelong: What is the number of their house?

Lelong: Quel est le numéro de leur maison?

Perrier: Three four two. Voila, we are there.

Perrier: Trois quatre deux. Voilà, nous y sommes.

Sentences:
Phrases:

Do you often go to the restaurant?

Allez-vous souvent au restaurant?

Do you often go to the toilet?

Allez-vous souvent à la toilette?

Do you often go outdoors?

Allez-vous souvent à l'extérieur?

Do you often go outside big cities?

Allez-vous souvent en dehors des grandes villes?

Do you often go over there?

Allez-vous souvent là-bas?

Do you often go there?

Y allez-vous souvent?

I often go there.

J'y vais souvent.

I go there more often than you.

J'y vais plus souvent que vous.

Do you often go to the beach?

Allez-vous souvent à la plage?

I go there as often as you.

J'y vais aussi souvent que vous.

I go there as often as them.

J'y vais aussi souvent qu'eux.

I go there more often than him.

J'y vais plus souvent que lui.

I go there more often than her.

J'y vais le plus souvent elle.

Do you often go into town?

Allez-vous souvent en ville?

I go there less often than you (s. inf.).

J'y vais moins souvent que toi.

Do you often go to Paris?

Allez-vous souvent à Paris?

No, I often go to Nice.

Non, je vais souvent à Nice.

Do you often go to the movies?

Allez-vous souvent au cinéma?

No, I often go for a jog.

Non, je vais souvent faire un jogging.

After the meal, what does one leave the waiter?

Après le repas, que laisse-t-on au garçon?

One always leaves a tip?

Laisse-t-on toujours un pourboire?

Do they sell cigarettes at the café or the restaurant?

Vend-on des cigarettes au café ou au restaurant?

How does one call French cigarettes?

Comment s'appellent les cigarettes françaises?

In France, are not French cigarettes less expensive than American cigarettes?

En France, les cigarettes françaises ne sont-elles pas moins chères que les cigarettes américaines?

How much does a pack of Gauloises cost?

Combien coûte un paquet de Gauloises?

What do you think of French cheeses?

Que pensez-vous des fromages français?

Are they better than American cheeses?

Sont-ils meilleurs que les fromages américains?

What do you think of French wines?

Que pensez-vous des vins français?

Are they better than American wines?

Sont-ils meilleurs que les vins américains?

Have you drunk French wine?

Avez-vous bu du vin français?

With what do you finish your meal?

Par quoi finissez-vous vos repas?

With an hors-d'œuvre or with a dessert?

Par un hors-d'œuvre ou par un dessert?

Where have you had lunch today?

Où avez-vous déjeuné aujourd'hui?

Where did you have lunch today?

Où avez-vous déjeuné aujourd'hui?

What time did you have lunch?

A quelle heure avez-vous déjeuné?

Have you had breakfast by yourself?

Avez-vous déjeuné seul?

Did you taken some wine?

Avez-vous pris du vin?

How much have you left for a tip?

Combien avez-vous laissé de pourboire?

Around what time are you hungry?

Vers quelle heure avez-vous faim?

What time is it now?

Quel temps fait-il aujourd'hui?

Has it rained yesterday?

A-t-il plu hier?

Did it rain yesterday?

A-t-il plu hier?

Are the roads slippery today?

Les routes sont-elles glissantes aujourd'hui?

What has Mr Williams said?

Qu'a dit Monsieur Williams?

What did Mr Williams say?

Qu'a dit Monsieur Williams?

How many French books do you have?

Combien de livres français avez-vous?

How many of them has one given you?

Combien vous en a-t-on donné?

Where have you put it?

Où l'avez-vous mis?

Is it not on the table?

N'est-il pas sur la table?

Have you not understood me?
Ne m'avez-vous pas compris?

Did you not understand me?
Ne m'avez-vous pas compris?

Is your book open or closed?
Votre livre, est-il fermé ou ouvert?

Have you not forgotten your book?
N'avez-vous pas oublié votre livre?

Did you not forget your book?
N'avez-vous pas oublié votre livre?

Have you read the paper this morning?
Avez-vous lu le journal ce matin?

What do they say in the newspaper?
Que dit-on dans le journal?

What are they saying in the newspaper?
Que dit-on dans le journal?

Have you called me last night?
M'avez-vous téléphoné hier soir?

Did you call me last night?
M'avez-vous téléphoné hier soir?

What have you done last night?
Qu'avez-vous fait hier soir?

What did you do last night?
Qu'avez-vous fait hier soir?

Have you done some shopping during the weekend?
Avez-vous fait des courses pendant le weekend?

The station restaurant is very expensive, is not it?
Le restaurant de la gare est très cher, n'est-ce pas?

Yes, it is the most expensive in the city.
Oui, c'est le plus cher de la ville.

This building is very big, is not it?
Cet immeuble est très grand, n'est-ce pas?

Yes, it is the largest in the city.
Oui, c'est le plus grand de la ville.

This area is very old, is not it?
Ce quartier est très vieux, n'est-ce pas?

Yes, it is the oldest in the city.
Oui, c'est le plus vieux de la ville.

Versailles street is very bad, is not it?
La rue de Versailles est très mauvaise, n'est-ce pas?

Yes, it is the worst in the city.
Oui, c'est la plus mauvaise de la ville.

Janine talks as well as her sister.
Janine parle aussi bien que sa sœur.

No, she speaks worse than her sister.
Non, elle parle moins bien que sa sœur.

The new vendor (f.) is prettier than the other one.
La nouvelle vendeuse est plus jolie que l'autre.

No, she is less attractive than the other one.
Non, elle est moins jolie que l'autre.

The new salesman is more handsome than the other one.
Le nouveau vendeur est plus beau que l'autre.

No, he is less handsome than the other one.
Non, il est moins beau que l'autre.

You read more than me.
Vous lisez plus que moi.

No, I read less than you.
Non, je lis moins que vous.

Your daughter drives faster than your wife.

Votre fille conduit plus vite que votre femme.

No, she drives slower than my wife.
Non, elle conduit moins vite que ma femme.

This car has cost you more than the other one.
Cette auto vous a coûté plus cher que l'autre.

No, it has cost me less than the other one.
Non, elle m'a coûté moins cher que l'autre.

He has drunk more than you.
Il a bu plus que vous.

He drank more than you.
Il a bu plus que vous.

No, he has drunk less than me.
Non, il a bu moins que moi.

I translate faster than you.
Je traduis plus vite que vous.

No, you translate slower than me.
Non, vous traduisez moins vite que moi.

Do I say it to them?
Je le leur dis?

Yes, say it to them.
Oui, dites-le leur.

Yes, tell them.
Oui, dites-le leur.

I am buying it for you?
Je vous l'achète?

Yes, buy it for me.
Oui, achetez-le moi.

Am I buying you it?
Je vous l'achète?

Yes, buy me it.
Oui, achetez-le moi.

I bring you them?
Je vous les apporte?

Yes, bring them to me.
Oui, apportez-les moi.

Do we leave him/her some?
Nous lui en laissons?

Yes, leave him/her some.
Oui, laissons-lui en.

I pay them it?
Je la leur paie?

Yes, pay them it.
Oui, payez-la leur.

Do we give it to her/him?
Nous le lui donnons?

Yes, give it to her/him.
Oui, donnons-le lui.

I read it to her/him?
Je la lui lis?

Yes, read her/him it.
Oui, lisez-la lui.

I translate them for them?
Je les leur traduis?

Yes, translate them for them.
Oui, traduisez-les leur.

Do we talk to them about it?
Nous leur en parlons?

Yes, let's talk to them about it.
Oui, parlons-leur en.

I cut you some?
Je vous en coupe?

Yes, cut me some.
Oui, coupez-m'en.

Do I hire her/him it?
Je la lui loue?

Yes, hire it for her/him.
Oui, louez-la lui.

Do we introduce her to him/her?
Nous la lui présentons?

Yes, introduce her to him/her.
Oui, présentons-la lui.

Do I send it to them?
Je la leur envoie?

Yes, send it to them.
Oui, envoyez-la leur.

Do I show them to him/her?
Je les lui montre?

Yes, show them to him/her.
Oui, montrez-les lui.

Are we sending him some?
Nous lui en envoyons?

Yes, we are sending him some.
Oui, envoyons-lui en.

Do I speak to you about it?
Je vous en parle?

Yes, tell me about it.
Oui, parlez-m'en.

Yes, please tell me.
Oui, parlez-m'en.

Has one driven them there?
Les y a-t-on conduits?

Have they been driven there?
Les y a-t-on conduits?

Yes, they have been driven there.
Oui, on les y a conduits.

Have I given you some?
Est-ce que je vous en ai donné?

Yes, you have given me some.
Oui, vous m'en avez donné.

Has she thought about/of it?
Y a-t-elle pensé?

Yes, she has thought about/of it.
Oui, elle y a pensé.

Has one told you it?
Vous l'a-t-on dit?

Yes, one has said it to me.
Oui, on me l'a dit.

Have you been told about it?
Vous l'a-t-on dit?

Yes, they have told me about it.
Oui, on me l'a dit.

Are we building some?
En construit-on?

Yes, we are building some.
Oui, on en construit.

Do you wash it?
La lavez-vous?

Yes, I wash it.
Oui, je la lave.

Have I paid him for them?
Est-ce que je les lui ai payés?

Yes, you have paid him for them.
Oui, vous les lui avez payés.

Have you found them there?
Est-ce que vous les y avez retrouvés?

Did you find them there?
Est-ce que vous les y avez retrouvés?

Yes, I (have) found them there.
Oui, je les y ai retrouvés.

Has she read it to him?
Le lui a-t-elle lu?

Yes, she has read it to him.
Oui, elle le lui a lu.

Have you given me some?
M'en avez-vous donné?

Yes, I have given you some.
Oui, je vous en ai donné.

Has one had some?
En a-t-on eu?

Yes, one has had some.
Oui, on en a eu.

Have you thought of/about it?
Y avez-vous pensé?

Yes, I (have) thought of/about it.
Oui, j'y ai pensé.

Has one given me some?
M'en a-t-on donné?

Yes, one has given you some.
Oui, on vous en a donné.

Have you given me some?
M'en a-t-on donné?

Yes, we have given you some.
Oui, on vous en a donné.

Has one reserved you some?
Est-ce qu'on vous en a retenu?

Yes, one has reserved me some.
Oui, on m'en a retenu.

Have you been reserved some?
Est-ce qu'on vous en a retenu?

Yes, some have been reserved for me.
Oui, on m'en a retenu.

Do you repair them for them?
Les leur réparez-vous?

Yes, I fix them for them.
Oui, je les leur répare.

Have you introduced them to me?
Me les avez-vous présentés?

Yes, I have introduced them to you.
Oui, je vous les ai présentés.

Is there some?
Y en a-t-il?

Yes, there is some.
Oui, il y en a.

He reads them to him/her?
Les lui lit-il?

Yes, he reads them to him/her.
Oui, il les lui lit.

Has one seen me there?
M'y a-t-on vu?

Yes, one has seen you there.
Oui, on vous y a vu.

Have you been sent them?
Vous les a-t-on envoyés?

Yes, I have been sent them.
Oui, on me les a envoyés.

Have they introduced you to the manager?
Vous a-t-on présenté le gérant?

Yes, they have introduced me to him.
Oui, on me l'a présenté.

Have we told you his name?
Vous a-t-on dit son nom?

Yes, you (have) told me it.
Oui, on me l'a dit.

Have you given your number to Janine?
Avez-vous donné votre numéro à Janine?

Yes, I have given her it.
Oui, je le lui ai donné.

Did you give your number to Janine?
Avez-vous donné votre numéro à Janine?

Yes, I gave her it.
Oui, je le lui ai donné.

Have I given you any cheese?
Est-ce que je vous ai donné du fromage?

Yes, you have given me some.
Oui, vous m'en avez donné.

Have you paid me for the book?
M'avez-vous payé le livre?

Yes, I have paid you for it.
Oui, je vous l'ai payé.

Is there some wine?
Y a-t-il du vin?

Yes, there is some.
Oui, il y en a.

Have they sold you their car?
Vous ont-ils vendu leur auto?

Yes, they (have) sold me it.
Oui, ils me l'ont vendue.

Has she drunk any red wine?
A-t-elle bu du vin rouge?

Yes, she has drunk some.
Oui, elle en a bu.

Are they constructing any new buildings near your place?
Est-ce qu'on construit de nouveaux immeubles près de chez vous?

Yes, they are building some.
Oui, on en construit.

Have you received some books in the office?
Avez-vous reçu des livres au bureau?

Yes, I have received some.
Oui, j'en ai reçu.

Have I seen you in Durand?
Est-ce que je vous ai vu chez les Durand?

Yes, you have seen me there.
Oui, vous m'y avez vu.

Yes, you saw me there.
Oui, vous m'y avez vu.

Has one looked for me?
M'a-t-on cherché?

Yes, one has looked for me.
Oui, on vous a cherché.

Have I brought you some tickets?
Vous ai-je pris des billets?

Yes, you have brought me some.
Oui, vous m'en avez pris.

Have you thought about this matter?
Avez-vous pensé à cette affaire?

Yes, I have thought about it.
Oui, j'y ai pensé.

Has the employee given you the form?
L'employé vous a-t-il donné la fiche?

Yes, he has given me it.
Oui, il me l'a donnée.

Have I told you about my new business?
Est-ce que je vous ai parlé de ma nouvelle affaire?

Yes, you have told me about it.
Oui, vous m'en avez parlé.

Henri has been driven to the department store.
On a conduit Henri au grand magasin.

Why has he been driven there?
Pourquoi l'y a-t-on conduit?

I (have) sold my car to Henry.
J'ai vendu mon auto à Henri.

Why have you sold him it?
Pourquoi la lui avez-vous vendue?

I am reading his/her letter.
Je lis sa lettre.

Why are you reading it?
Pourquoi la lisez-vous?

He has paid the manager.
Il a payé le gérant.

Why has he paid him?
Pourquoi l'a-t-il payé?

He has paid the manager.
Il a payé la gérante.

Why has he paid her?
Pourquoi l'a-t-il payé?

They have called you.
On vous a appelé.

Why have they called me?
Pourquoi m'a-t-on appelé?

I have shown the new model to the employees.
J'ai montré le nouveau modèle aux employés.

Why have you shown them it?
Pourquoi le leur avez-vous montré?

We have given some wine to the children.
On a donné du vin aux enfants.

Why have we given them it?
Pourquoi leur en a-t-on donné?

I (have) rented the apartment to your friends.
J'ai loué l'appartement à vos amis.

Why have you rented it to them?
Pourquoi le leur avez-vous loué?

I asked the employee for some records.
J'ai demandé des fiches à l'employé.

Why have you asked him for some?
Pourquoi lui en avez-vous demandé?

I have written to his/her parents.
J'ai écrit à ses parents.

Why have you written to them?
Pourquoi leur avez-vous écrit?

I wrote to his/her parents.
J'ai écrit à ses parents.

Why did you write to them?
Pourquoi leur avez-vous écrit?

If you do not want to drive Janine into town, do not drive her there.
Si vous ne voulez pas conduire Janine en ville, ne l'y conduisez pas.

If you do not want to read this book to the children, do not read it to them.
Si vous ne voulez pas lire ce livre aux enfants, ne le leur lisez pas.

If you do not want to tell me his name, do not tell me it.
Si vous ne voulez pas me dire son nom, ne me le dites pas.

If you do not want to show this letter to the manager, do not show him it.
Si vous ne voulez pas montrer cette lettre au gérant, ne la lui montrez pas.

If you do not want to bring us some cigarettes, do not bring us any.
Si vous ne voulez pas nous apporter des cigarettes, ne nous en apportez pas.

If you do not want to take notes for me, do not take any for me.

Si vous ne voulez pas me prendre des billets, ne m'en prenez pas.

If you do not want to request some information from the employee, do not ask him/her for any.

Si vous ne voulez pas demander des renseignements à l'employé(e), ne lui en demandez pas.

If you do not want to send us some postcards, do not send us any.

Si vous ne voulez pas nous envoyer des cartes postales, ne nous en envoyez pas.

If you do not want to live in that neighbourhood, do not live there.

Si vous ne voulez pas habiter dans ce quartier, n'y habitez pas.

If you do not want to try these shoes on, do not try them on.

Si vous ne voulez pas essayer ces chaussures, ne les essayez pas.

If you do not want to destroy this letter, do not destroy it.

Si vous ne voulez pas détruire cette lettre, ne la détruisez pas.

If you do not want to leave your book on my desk, do not let it there.

Si vous ne voulez pas laisser votre livre sur mon bureau, ne l'y laissez pas.

If you do not want to receive Christiane in the office, do not receive her there.

Si vous ne voulez pas recevoir Christiane au bureau, ne l'y recevez pas.

If you do not want to give dessert to the children, do not give them any.

Si vous ne voulez pas donner de dessert aux enfants, ne leur en donnez pas.

If you do not want to talk to us about this matter, do not talk to us about it.

Si vous ne voulez pas nous parler de cette affaire, ne nous en parlez pas.

I have not called my friend.

Je n'ai pas téléphoné à mon ami(e).

Why have you not called him/her?

Pourquoi ne lui avez-vous pas téléphoné?

I have not introduced my friends to you.

Je ne vous ai pas présenté mes amis.

Why have you not introduced them to me?

Pourquoi ne me les avez-vous pas présentés?

You have not been obeyed.

On ne vous a pas obéi.

Why have I not been obeyed?

Pourquoi ne m'a-t-on pas obéi?

I have not cut the leg of lamb.

Je n'ai pas coupé le gigot d'agneau.

Why have you not cut it?

Pourquoi ne l'avez-vous pas coupé?

One has not taken me up the mail.

On ne m'a pas monté le courrier.

Why has one not taken it up to you?

Pourquoi ne vous l'a-t-on pas monté?

I have not enjoyed the game of football.

Je n'ai pas aimé le match de football.

Why haven't you enjoyed it?

Pourquoi ne l'avez-vous pas aimé?

I did not appreciate the football match.

Je n'ai pas aimé le match de football.

Why didn't you appreciate it?

Pourquoi ne l'avez-vous pas aimé?

I have not provided you with the information.
Je ne vous ai pas apporté les renseignements.

Why have you not brought it to me?
Pourquoi ne me les avez-vous pas apportés?

I have not drunk any wine.
Je n'ai pas bu de vin.

Why have you not drunk some?
Pourquoi n'en avez-vous pas bu?

I did not drink any wine.
Je n'ai pas bu de vin.

Why didn't you drink some?
Pourquoi n'en avez-vous pas bu?

We have not weighed the packages.
On n'a pas pesé les paquets.

Why have we not weighed them?
Pourquoi ne les a-t-on pas pesés?

I have not opened the telegram.
Je n'ai pas ouvert le télégramme.

Why haven't you opened it?
Pourquoi ne l'avez-vous pas ouvert?

Narrative:
Narration:

If you've never gone to 'Chez Maurice', then go there.
Si vous n'êtes jamais allé 'Chez Maurice', allez-y donc.

It is a nice little restaurant on the corner of Neuilly avenue.
C'est un bon petit restaurant au coin de l'avenue de Neuilly.

It is quite expensive, but not bad at all.
Il est assez cher, mais pas mal du tout.

His specialty is the 'bouillabaisse', and he does it very well; but his pâtés are not bad either. And his wines. Oh! His wines!
Sa spécialité est la bouillabaisse et il la fait fort bien, mais ses pâtés ne sont pas mauvais non plus. Et ses vins. Oh! Ses vins!

One will not find any better in France.
On n'en trouve pas de meilleurs en France.

Mr Maurice started out twenty years ago with a small and insignificant café.
Monsieur Maurice a commencé il y a vingt ans par un tout petit café de rien du tout.

There, one served potato chips, cheese, and red wine, nothing more; and taxi drivers from the neighbourhood came there to listen to the sports news that the host was always ready to offer them.
On y servait des pommes de terre frites, du fromage et du vin rouge, rien de plus et les chauffeurs de taxi du quartier venaient y écouter les nouvelles sportives que le patron était toujours prêt à leur donner.

Now, there are not a lot more taxi drivers at Maurice's place.
Maintenant, il n'y a plus beaucoup de chauffeurs de taxi chez Maurice.

His customers are all presidents of something, and the owner is much too eager to sit himself at the table with them.
Ses clients sont tous présidents de quelque chose, et le patron est beaucoup trop pressé pour se mettre à table avec eux.

It no longer provides the latest sports news, but one can talk politics or business, and that is unfortunate.
On ne donne plus les dernières nouvelles sportives, mais on parle politique ou affaires et c'est dommage.

All the same, 'Chez Maurice' is a good restaurant that you can try if you go to Paris.
Tout de même, 'Chez Maurice' est un bon restaurant que vous pouvez essayer si vous allez à Paris.

Sentences:
Phrases:

Have you given the letter to your sister?
Avez-vous donné la lettre à votre sœur?

Have you given the money for a good cause?
Avez-vous donné de l'argent pour une bonne cause?

Have you given the information to the accountant and the lawyer?
Avez-vous donné des informations à l'expert-comptable et l'avocat?

Have you given your consent?
Avez-vous donné votre consentement?

What have you given her/him?
Que lui avez-vous donné?

What have you given my sister?
Qu'avez-vous donné à ma sœur?

Have you given enough thought to the matter?
Avez-vous suffisamment réfléchi à la question?

Have you put enough thought into your project?
Avez-vous suffisamment réfléchi à votre projet?

Have you given enough thought to my proposals?
Avez-vous suffisamment réfléchi à mes propositions?

To whom did you give it?
À qui avez-vous donné?

To whom have you given it?
À qui avez-vous donné?

Have you given the food to your dog?
Avez-vous donné la nourriture à votre chien?

Have you given the pen to the student?
Avez-vous donné la plume à l'élève?

Have you given the rose to the woman?
Avez-vous donné la rose à la femme?

Have they bought the books?
Ont-ils acheté les livres?

Has she told you the name?
Vous a-t-elle dit le nom?

Has she written to her friends?
A-t-elle écrit à ses amis?

Have we received some tickets?
Avons-nous reçu des billets?

What time do you read the newspaper?
A quelle heure lisez-vous le journal?

Have you sent any news to your parents?
Avez-vous envoyé des nouvelles à vos parents?

Has he shown the telegram to the manager?
A-t-il montré le télégramme au gérant?

Has one sent the parcel to the station?
A-t-on envoyé le colis à la gare?

Has the parcel been sent to the station?
A-t-on envoyé le colis à la gare?

Have you been brought any money?
Vous a-t-on apporté de la monnaie?

Have they driven during peak hours?
Ont-ils conduit pendant les heures d'affluence?

Have you translated my letter?
Avez-vous traduit ma lettre?

The old records have been destroyed.
On a détruit les vieilles fiches.

They have built a beautiful villa.
Ils ont construit une jolie villa.

Have you read the president's speech?
Vous avez lu le discours du président?

What did you say?
Qu'avez-vous dit?

We (have) translated two pages of it every day.
Nous en avons traduit deux pages chaque jour.

I (have) read this book in English.
J'ai lu ce livre en anglais.

Have you driven your friends to the station?
Avez-vous conduit vos amis à la gare?

Have they said yes or no?
Ont-ils dit oui ou non?

He may leave immediately.
Il peut partir tout de suite.

I open the book to page twenty five.
J'ouvre le livre à la page vingt-cinq.

Are you finishing that letter?
Finissez-vous cette lettre?

She does not go to France this year.
Elle ne va pas en France cette année.

He is happy to have lunch with you.
Il est heureux de déjeuner avec vous.

They have some news about their son.
Ils ont des nouvelles de leur fils.

It rains every day in November.
Il pleut tous les jours en novembre.

Is he aware of his lesson this morning?
Sait-il sa leçon ce matin?

He is saying something.
Il dit quelque chose.

Does one destroy these old cars?
Détruit-on ces vieilles autos?

It is a nice work.
C'est un travail agréable.

It is a rush job.
C'est un travail urgent.

It is urgent work.
C'est un travail urgent.

It is an interesting job.
C'est un travail intéressant.

It is a necessary job.
C'est un travail nécessaire.

It is a difficult job.
C'est un travail difficile.

It is a dirty job.
C'est un travail difficile.

It is tough/hard work.
C'est un travail difficile.

It is important work.
C'est un travail important.

It is useful work.
C'est un travail utile.

It is an effective job.
C'est un travail efficace.

This is a considerable task.
C'est un travail considérable.

This is arduous work.
C'est un travail ardu.

It will be an important job.
Ce sera un travail important.

It will be an important step.
Ce sera une étape importante.

It marks an important milestone.
Il marque une étape importante.

About eight days ago.
Il y a huit jours environ.

Around a week ago.
Il y a huit jours environ.

Come and pick me up at around seven o'clock.
Venez me chercher vers sept heures.

He phoned at around three o'clock.
Il a téléphoné vers trois heures.

It was about three o'clock when he phoned.
Il était environ trois heures quand il a téléphoné.

He is going to leave in about six months.
Il va partir dans six mois environ.

He is going to leave sometime around the month of July.
Il va partir vers le mois de juillet.

Will he be long?
En a-t-il pour longtemps?

He will be around five minutes.
Il en a pour cinq minutes.

I will not take long.
Je n'en ai pas pour longtemps.

I will not be much longer; I am almost done.
Je n'en ai plus pour longtemps, j'ai presque terminé.

As short as usual.
Aussi court que d'habitude.

Shorter than usual.
Plus court que d'habitude.

Very short, as usual.
Très court, comme d'habitude.

Very short, as always.
Très court, comme toujours.

Very short, like last time.
Très court, comme la dernière fois.

As short as the last time.
Aussi court que la dernière fois.

You called me, sir?
Vous m'avez appelée, Monsieur?

You have seen them, sir?
Vous les avez vus, Monsieur?

You called him/her, sir?
Vous lui avez téléphoné, Monsieur?

You have called us, sir?
Vous nous avez appelés, Monsieur?

You have found some, sir?
Vous en avez trouvé, Monsieur?

You have retained it, sir?
Vous l'avez retenu, Monsieur?

You have responded to it, sir?
Vous y avez répondu, Monsieur?

You have sent them, madam?
Vous les avez envoyés, Madame?

You have bought some, madam?
Vous en avez acheté, Madame?

You have counted them, madam?
Vous les avez comptés, Madame?

Do you remember the last command?
Vous souvenez-vous de la dernière commande?

Do you remember your last vacation?
Vous souvenez-vous de vos dernières vacances?

Do you remember the first few weeks?
Vous souvenez-vous des premières semaines?

Do you remember his last speech?
Vous souvenez-vous de son dernier discours?

Do you remember your first accident?
Vous souvenez-vous de votre premier accident?

Do you remember the last game of football?
Vous souvenez-vous du dernier match de football?

Do you remember the name of the author?
Vous souvenez-vous du nom de l'auteur?

Do you remember the room number?
Vous souvenez-vous du numéro de la chambre?

Do you remember the date of your arrival?
Vous souvenez-vous de la date de votre arrivée?

Do you remember the time of departure?
Vous souvenez-vous de l'heure du départ?

Do you remember the first appointment?
Vous souvenez-vous du premier rendez-vous?

I dealt with it myself.
Je m'en suis occupé moi-même.

I took care of it myself.
Je m'en suis occupé moi-même.

I (have) phoned them myself.
Je leur ai téléphoné moi-même.

I have served them myself.
Je les ai servis moi-même.

I repaired it by myself.
Je l'ai réparé moi-même.

I sent it myself.
Je l'ai expédié moi-même.

I chose them myself.
Je les ai choisis moi-même.

I assembled it myself.
Je l'ai monté moi-même.

I filled them by myself.
Je les ai remplis moi-même.

I told him it myself.
Je le lui ai dit moi-même.

When did you send it?
Quand l'avez-vous envoyé?

When did you see it?
Quand l'avez-vous vu?

When did you bring it?
Quand l'avez-vous apporté?

When did you sign it?
Quand l'avez-vous signé?

When did you build it?
Quand l'avez-vous construit?

When did you do it?
Quand l'avez-vous fait?

When did you rent it?
Quand l'avez-vous loué?

When did you know of it?
Quand l'avez-vous su?

When did you find it?
Quand l'avez-vous retrouvé?

When did you drink it?
Quand l'avez-vous bu?

When did you finish it?
Quand l'avez-vous terminé?

When did you open it?
Quand l'avez-vous ouvert?

When did you hear it?
Quand l'avez-vous écouté?

End Vol.2
Fin Vol.2

Printed in Great Britain
by Amazon